Riktiga svenskor
– språkriktighet till vardags

Riktiga svenskor
– språkriktighet till vardags

av
Urban Lindqvist

Innehåll

Förord

Denna lilla skrift om språkriktighet och andra närbesläktade frågor vänder sig i första hand till så kallat vanligt folk, både sådana som är genuint intresserade av språk och sådana som är mest intresserade av att tycka saker om språk. Den sistnämnda målgruppen är den primära men också den som är svårast att nå. För om människorna i den gruppen hade varit tillräckligt intresserade för att läsa texter av det här slaget, skulle de troligen redan ha tagit till sig annan litteratur i ämnet, vilket i så fall också borde ha återspeglats i deras tyckanden. En annan viktig målgrupp blir därför svensklärare och alla andra som kan tänkas ha något inflytande över andras språksyn.

En grundläggande målsättning är att ta avstamp i det vardagliga språkriktighetstänkandet och i stor utsträckning utgå från självutnämnda språkpolisers egna uttalanden, både faktiska citat och mer eller mindre typiska formuleringar, och se vart det leder. Av det skälet är jag ganska sparsam med språkvetenskapliga termer och förklarar dem där jag tror att det är nödvändigt, så texten bör gå att ta sig igenom utan alltför djupa förkunskaper.

1. Vad som finns i språket

Språkriktighetsfrågor är något som engagerar många människor. Ofta tar sig engagemanget uttryck i form av irritation eller indignation över att någon gjort sig skyldig till ett språkfel. Det kan röra sig om exempelvis stavning, uttal, ordval, böjning, ordföljd, bruket av skiljetecken – indelningen i rätt och fel omfattar i princip alla språkets områden. Om det någon gång uppstår en diskussion i ett sådant sammanhang gäller den vanligtvis just om ordet, uttalet eller vad det nu kan vara frågan om är rätt eller fel, inte om det över huvud taget är meningsfullt (eller rätt) att tala om rätt och fel.

Också de som blir rättade har i regel samma grundinställning. Vissa blir kanske irriterade och tycker att språkpolisen som rättat dem är en besserwisser, andra är tacksamma för att någon påpekar deras brister så att de kan bättra sig. Men i båda fallen accepterar de utan vidare indelningen i rätt och fel.

Inte sällan glider den indelningen över i en annan, nämligen den mellan vad som finns och vad som inte finns i språket. Man hör inte bara folk säga att vissa saker är fel, till exempel *våran bil* i stället för *vår bil*, utan också att de inte finns, till exempel "ordet *våran* finns inte". Vissa saker är alltså inte bara oriktiga, de finns helt enkelt inte.

Vad betyder nu detta? Samtidigt som man tar avstånd från ett oönskat språkdrag förnekar man dess existens. Men då borde det inte vara något problem, för det finns väl ingen anledning att uppröra sig över något som inte finns? Eller handlar det kanske om olika typer eller grader av existens? Ibland säger ju folk att något inte finns på riktigt som ett slags förtydligande: "Det heter *egentligen* inte så." Eller: "Det ordet finns inte *på riktigt.*"

Ett mera praktiskt förhållningssätt är att nöja sig med två grader av existens: antingen finns något eller så finns det inte. Låt oss betrakta följande korta lista över sex riktiga eller oriktiga ord: *klarinett, suddigum, styllvading, fördomsfull, omständig, eplotisk.*

Om jag skulle dela in dem i två grupper med utgångspunkt från om de finns eller inte skulle resultatet bli så här:

Finns	Finns inte
klarinett	*styllvading*
suddigum	*eplotisk*
fördomsfull	
omständig	

Det som förenar orden i den första spalten är att de är en naturlig del i många svenskars språk, och de flesta svenskar förstår vad de betyder även om de själva inte använder dem aktivt.

Orden i den andra spalten – om man nu ska kalla dem ord – har däremot aldrig använts och de har heller inga särskilda betydelser kopplade till sig.

Med andra ord vet så gott som alla svenskar att ett *suddigum* är 'en (relativt liten) bit gummi som man använder för att radera sådant som skrivits eller ritats med blyertspenna', medan ingen vet vad en *styllvading* är. I den bemärkelsen finns/existerar ordet *suddigum* men inte *styllvading*.

Nu kanske någon invänder: "Men *styllvading* finns väl visst, det står ju på flera ställen i den här texten."

Ja, det är sant, genom att jag grupperat bokstäverna på det viset finns bokstavskombinationen *styllvading*. Om man så vill finns även motsvarande kombination av språkljud, eftersom de flesta svenskar skulle uttala *styllvading* på ungefär samma sätt, frånsett vissa regionala skillnader.

Likväl är *styllvading* inte en del av svenska språket. Det hjälper inte heller att det utan problem kan inlemmas i det svenska språksystemet och böjas som vilket svenskt ord som

helst (*en styllvading, flera styllvadingar, styllva-
dingen, styllvadingarna*), för det betyder ingenting.
Detsamma gäller också *eplotisk*. Ingen svensk
kopplar ihop det med någon särskild betydelse
och ingen skulle förstå vad man menade om man
apropå ingenting skulle inleda ett samtal så här: *I
går såg jag två styllvadingar. Det var det mest
eplotiska jag varit med om på länge.*

Men skulle jag till exempel upptäcka en hit-
tills okänd fågelart och få äran att namnge den
på svenska kanske jag skulle välja att kalla den
styllvading, och då skulle ordet bli en del av det
svenska språket. Dess existens skulle visserligen
vara ganska begränsad till en början, eftersom
endast ett fåtal skulle känna till det, men just det
uttrycket – den sekvensen av bokstäver respek-
tive språkljud – skulle ha kopplats till ett innehåll,
nämligen (en föreställning om) den nyupptäckta
fågelarten.

Alternativt skulle jag kunna omvandla *styll-
vading* till ett meningsfullt ord genom att helt en-
kelt definiera det, till exempel så här: Med *styll-
vading* menar jag 'ett musikstycke i livligt tempo
för elva träblåsare'. Men nu väljer jag att inte
göra det, så än så länge finns alltså inte *styllva-
ding* som ett ord i svenska språket.

Som vi såg inledningsvis är det uppenbar-
ligen inte så enkelt. Att döma av många män-

niskors uttalanden i språkriktighetsfrågor måste man också räkna med följande indelning:

Finns	Finns inte
klarinett	*suddigum*
fördomsfull	*styllvading*
	omständig
	eplotisk

Skillnaden gentemot min indelning är att *suddigum* och *omständig* förs samman med *styllvading* och *eplotisk*.

Då kan man fråga sig vad en sådan indelning grundar sig på. Att det skulle handla om olika grader av existens verkar trots allt inte särskilt troligt. Snarare kan man tänka sig att det är något som ska underförstås, vilket för övrigt också gäller min indelning. Där handlar det om vad som finns respektive inte finns *i svenskan*.

Problemet är nu bara att de som förespråkar den här andra indelningen skulle kunna säga precis likadant, för enligt många är inte *omständig* och *suddigum* svenska. Deras definition av svenska är nämligen snävare än den jag har använt här och omfattar bara sådant som de anser vara rätt, i det här fallet *omständlig* respektive *suddgummi* eller *radergummi*. Uttalanden som "ordet *suddigum* finns inte" och "ordet *suddigum* är inte svenska" betyder med andra ord samma sak som "ordet *suddigum* finns inte i den riktiga svenskan/är inte riktig svenska".

Något som ytterligare komplicerar saken är att det ibland inte är i själva språket som språkpoliserna säger att något inte finns, utan snarare i en beskrivning av det eller en förteckning över delar av det, såsom en ordlista. Gränserna är många gånger ganska oklara. Om man säger emot någon som hävdar att ordet *omständig* inte finns kan personen i fråga mycket väl springa iväg och hämta ett exemplar av SAOL (*Svenska Akademiens ordlista*) och triumferande peka på platsen där *omständig* skulle ha stått om det hade funnits med där. I ett sådant fall tycks alltså *finnas* betyda 'finnas i SAOL', men av allt att döma används även *SAOL* som en synonym till *riktig svenska*. Frånvaron av ordet *omständig* i SAOL skulle med andra ord vara en indikation på ordets frånvaro i det riktiga språket.

De flesta människor vet att språket inte är oföränderligt, vilket bland annat märks genom att det då och då kommer nya upplagor av SAOL. Frågan är då vad som är hönan och ägget i relationen mellan SAOL och det svenska språket. För många är svaret självklart: SAOL är resultatet av en sorts lagstiftning och i SAOL kan man se vilka ord som är tillåtna. Annorlunda uttryckt finns det människor som bestämmer hur språket ska se ut och de tillkännager sina regler bland annat i form av SAOL.

Mot bakgrunden av den uppfattningen blir det begripligt varför en person som tyckte att man skulle skriva *full till brädden* frågade "Har de ändrat?" när hon stötte på varianten *full till bredden*.

Den hjälper oss också att förstå varför gränsen mellan SAOL och själva språket ibland framstår som en smula otydlig. För många av oss kan det tyckas självklart att skilja mellan en ordlista och ett språk, precis som vi inte gärna skulle förväxla en stad med en förteckning över dess mest prominenta invånare, men för andra är det uppenbarligen inte så. För dem är SAOL så gott som identisk med det svenska språket, eller i alla fall dess ordförråd. Och den är inte bara en lista över en massa ord, utan en fullständig förteckning över samtliga tillåtna ord, vilket omvänt innebär att alla ord som inte står med i SAOL är förbjudna och/eller obefintliga.

När en språkpolis sålunda har försäkrat sig om ett ords existens med hjälp av SAOL kan han eller hon gå vidare till en ordbok för att ta reda på vad det betyder, till exempel Svenska Akademiens *Svensk ordbok* (i sällsynta fall kan man också hitta en betydelseangivelse i SAOL). För ett ords betydelse gäller i princip samma sak som för själva ordet: Om den står med i en ordbok anses den finnas, annars inte.

Som exempel kan vi ta ordet *krokodiltårar*. Många använder det i betydelsen 'stora tårar', men enligt ordböckerna betyder det 'falska tårar'. De flesta språkpoliser menar följaktligen att ordet *krokodiltårar* enbart betyder 'falska tårar', ingenting annat.

Det mest olyckliga är nu inte just att många delar in det som finns i två delar (*klarinett* respektive *suddigum*) utan att de låter bli att dra en gräns mellan den ena av dessa delar (*suddigum*) och det som inte finns (*styllvading*). En indelning av följande slag ger inte bara en bättre och mer nyanserad bild av verkligheten utan också ett betydligt mer fruktbart underlag för diskussioner:

Finns och anses rätt	Finns och anses fel	Finns inte
klarinett	*suddigum*	*styllvading*
fördomsfull	*omständig*	*eplotisk*
krokodiltårar = 'falska tårar'	*krokodiltårar* = 'stora tårar'	*krokodiltårar* = 'glädjetårar'

Sammanblandningen av spalterna två och tre tar sig ofta uttryck i uttalanden som det här: "Om man ändå inte ska följa reglerna kan man lika gärna säga och skriva precis vad man känner för."

Det finns till exempel många som tycker att det enbart ska heta *Var bor du?* och inte *Vart bor du?* eller *Vars bor du?* Säger man till en sådan människa att man inte nödvändigtvis tycker att *Vart bor du?* är fel, händer det ibland att man får frågan om *Vack bor du?* eller något ännu mera obegripligt också är rätt. Vi kan lätt sortera in de olika varianterna i grupperna ovan:

Finns och anses rätt	Finns och anses fel	Finns inte
Var bor du?	*Vart bor du?*	*Vack bor du?*
	Vars bor du?	

Varför skulle man nu över huvud taget bry sig om att ta ställning till något som inte finns? Det vore ungefär som att diskutera i vilken mån enhörningar är acceptabla som husdjur när man bor i lägenhet. Det kan i och för sig säkert vara intressant, men det säger ändå ingenting om de husdjur som faktiskt existerar. En orm blir varken mer rätt eller mer fel av att man jämställer den med en grip.

Något som gör det lite svårare att dra en gräns mellan vad som finns och inte finns är att det hela tiden bildas nya ord som inte behöver förklaras eller definieras på samma sätt som *styllvading*. Majoriteten av nybildningar innehåller kända element och ansluter sig till kända ordbildningsmönster och är därför mer eller mindre självförklarande. Vissa av dem används kanske bara en gång medan andra blir mer långlivade.

Ett exempel på ett relativt nytt ord som fått en viss spridning är just *språkpolis*. Av det kan vi vidare bilda ord som *språkpolismentalitet* och *språkpolisiär*. Finns de orden? De finns visserligen inte i SAOL, men om man googlar på dem får man flera träffar, så i någon bemärkelse verkar de ändå finnas.

Hur är det med *språkpolisskräck* då? Det finns för närvarande inte vare sig i SAOL eller i Googles databas, men ändå är det ett fullt begripligt ord. Jag skulle till exempel kunna säga så här under en middagskonversation och bli förstådd utan problem: *Vissa lider nog av en så stark språkpolisskräck att de knappt vågar yttra sig.*

Det är av det här skälet som det inte går att svara på hur många ord det finns i ett språk, för det finns ingen som kan ha överblick över alla nya ord som ständigt bildas och används. Vad man däremot *kan* svara på är hur många ord det finns i en viss ordbok eller ordlista, men det är något helt annat.

Ett annat problem är lånorden. När övergår de från att vara främmande ord till att bli en del av svenskan? Blev *approach* ett svenskt ord så fort det togs med i SAOL?

En del människor tycker instinktivt illa om lånord och föreslog därför att man skulle undvika ordet *mejl* när den företeelsen var ny och i stället använda *e-brev*. Ja, så kan man tycka eftersom *brev* är ett så gammalt lånord att det inte längre upplevs som ett sådant. Men ett lånord är det likväl.

I det här sammanhanget kan vi dock bortse från problematiska gränsfall av det här slaget. En sak är i alla fall säker: Hur illa man än tycker om vissa saker i språket försvinner de inte bara därför att man förnekar deras existens och försöker förpassa dem till en plats utanför språket. Ska man dela in språket i rätt och fel bör man först ha klart för sig vad det är man ska dela in. Och det är faktiskt inte särskilt svårt, nybildningar och lånord till trots. I stor utsträckning handlar det bara om att öppna öronen och lyssna. Finns ordet *omständig*? Kan *vart* uttrycka befintlighet? Ja, uppenbarligen. Vad är det för mening att säga att det inte kan det när formuleringar som *Vart bor du?* med all önskvärd tydlighet bevisar motsatsen?

Eller kan bäbisar amma eller är det bara (m)ammor som kan det? Återigen: Titta på språket. Många säger att deras barn ammar – alltså förekommer ordet *amma* även i betydelsen 'suga i sig modersmjölk'.

Det är först när man gjort klart för sig vad som finns i språket som det blir meningsfullt att diskutera språkriktighetsfrågor. Fast man kan naturligtvis ändå känna till vad som anses rätt och fullkomligt strunta i om resten är en del av språket eller inte, ungefär på följande sätt:

Anta att någon får i uppgift att sortera svampar i två olika högar, giftiga i den ena och ätliga i den andra. När indelningen är klar inspekterar vi resultatet och konstaterar först att den ena högen bara innehåller ätliga svampar. "Aha, en riktig svampexpert!" kanske vi tänker då. Men så tittar vi i den andra högen och får se att det inte bara ligger giftiga svampar i den utan även igelkottar, legobitar och trumpetmunstycken.

Ja, vår svampexpert lyckades visserligen särskilja de ätliga svamparna, men det är ändå rätt tydligt att han eller hon har missat något väsentligt.

Ett annat exempel är adjektiv som *tom* och *unik*. Många menar att de inte kan kompareras, det vill säga att de inte kan böjas enligt mönstret *tom, tommare, tommast* respektive *unik, mer unik, mest unik*. Tanken bakom ett sådant påstående är att dessa ord uttrycker absoluta egenskaper som inte kan graderas: antingen är något tomt/unikt eller så är det det inte.

Det är visserligen sant att ett tomt glas inte kan bli tommare än det redan är, liksom att något som bara finns i ett exemplar inte kan bli mer unikt än så, men är det verkligen det *tommare* och *mer unik* betyder?

Hade det varit det borde de här formerna inte ha varit så vanliga som de är, eftersom det sällan finns något behov av att säga att något innehåller mindre än ingenting eller att något är så ensamt i sitt slag att det inte ens finns i ett exemplar.

När vi hör någon använda *tommare* och inte förstår vad som menas har vi i princip två möjligheter: Antingen avfärdar vi det som nonsens eftersom det uttrycker någonting som är omöjligt enligt vår uppfattning om vad det borde betyda, eller så frågar vi oss vad personen menar och undrar om det kanske finns någon annan grundbetydelse av *tom* än 'utan innehåll', en som fungerar bättre i sammanhanget och faktiskt kan graderas, till exempel 'med lite innehåll'.

Tittar man på några sammanhang där *tommare* används märker man snart att det är just den betydelsen det handlar om. I normalfallet är det med andra ord inte fråga om i vilken grad något helt saknar innehåll utan hur nära något är att sakna innehåll. Därför går det alldeles utmärkt att jämföra två ryggsäckar med avseende på tomhet och konstatera att en som bara innehåller lite ludd är tommare än en som innehåller ett ombyte kläder och en vattenflaska.

Om den ena ryggsäcken dessutom är av en sort som bara finns i tre exemplar är den betydligt mer unik än en som masstillverkats i tiotusentals exemplar. Den är alltså *ganska* unik men inte *helt* unik.

Så ser språket ut, vare sig man vill det eller inte.

Det kan vara lämpligt att avsluta det här kapitlet med att återknyta till den tidigare diskuterade frågan om SAOL – är det en fullständig förteckning över samtliga tillåtna eller i någon mening befintliga ord? Vad säger de som ligger bakom SAOL? Som svar kan det kanske räcka med att citera några rader ur inledningen till den senaste upplagan (den 13:e). Där står det att "människor skriver till redaktionen eller till Svenska Akademien med begäran att vissa ord skall strykas såsom anstötliga på det ena eller andra viset. Det sker i den outtalade föreställningen att en sådan åtgärd på något sätt skulle utplåna dessa ord ur språket.

Sådan makt har inte denna ordlista och är den inte avsedd att ha. […] Föreställningen att ett ord som inte står i SAOL inte tillhör svenska språket är inte ovanlig men förstås alldeles felaktig. Det måste tydligt sägas att denna lista är ett urval, att den utan svårighet skulle ha kunnat göras åtskilligt större, intill det ohanterliga."

Av detta borde det framgå ganska tydligt hur olämpligt det är att konsultera SAOL för att ta reda på om ett ord man har stött på verkligen finns eller inte. Eller, som vissa uttrycker saken, om det verkligen är ett ord.

Ja, vad skulle det annars vara? En häst?

2. Språkliga regler – var finns de?

"Det finns ju regler för hur man ska använda språket, varför ska inte de följas? Man kör ju inte bil på vänster sida av vägen bara för att man tycker det är bekvämare."

Denna och andra liknande jämförelser har jag hört folk göra många gånger, men hur givande är det egentligen att jämföra språkliga regler med trafikregler?

Sedan 2009 har vi visserligen en språklag i Sverige, men den som letar efter information i den om hur man ska använda *var* och *vart* eller *de* och *dem* inser nog snart att det finns bättre sätt att använda sin tid. Lagen behandlar helt enkelt inte sådana frågor. En sådan detaljreglering vore snarast att jämföra med vilken färg vi ska ha på vår bilklädsel, inte vilken sida vi ska köra på.

Med andra ord är det någon annanstans vi måste leta för att hitta våra språkliga regler. För det är självklart att människor måste ha gemensamma regler för att språklig kommunikation mellan dem ska fungera. Om de inte följer några regler, eller om de följer regler som andra inte känner till, förstår de inte varandra. Till och med en relativt enkel mening som *Hon var fruktansvärt hungrig* förutsätter att man tillämpar ett stort antal regler som styr valet av ordformer (jämför *Henne vore fruktansvärd hungriga*), ord (jämför *Hon var åkaflega långhårig*), ordföljd (jämför *Var hungrig hon fruktansvärt*) och så vidare.

Dessa regler lär man sig normalt ganska tidigt i livet genom att finnas i ett sammanhang där ett språk talas, genom att lyssna på andra och själv pröva sig fram. Ibland händer det att man överanvänder vissa regler och producerar ordformer som *gådde* innan man lärt sig att ordet *gå* följer en annan regel som säger att det heter *gick*. Också dessa specialregler lär man sig vanligtvis ganska snart.

Med andra ord: I och med att man tillägnar sig sitt modersmål lär man sig också den stora uppsättning regler som gäller för just det språket och som gör det möjligt att använda det som ett kommunikationsmedel människor emellan. Utan de reglerna skulle man inte kunna använda språket.

Ett svar på frågan om var de språkliga reglerna finns måste således bli att de finns i huvudet, i språkbrukarens hjärna.

Dessa regler bygger tillsammans upp språkanvändarens mentala grammatik, eller inre grammatik. Även om den i normalfallet är omedveten har ändå de flesta människor en språkkänsla som gör att de reagerar mot sådant som strider mot deras egen grammatik.

För många är det till exempel naturligt att säga *Vi fick en varsin glass/ett varsitt äpple*. I deras grammatik konstrueras alltså *varsin/varsitt* med ett föregående *en/ett* och fungerar därmed precis som ett vanligt adjektiv såsom *god* eller *grön*: *Vi fick en god glass/ett grönt äpple*.

Enligt andras grammatik används inte *en/ett* före *var sin/var sitt*, utan där heter det *Vi fick var sin glass/var sitt äpple* (eller, om man vill skriva ihop det, *varsin glass/varsitt äpple*). Detta är den ursprungliga, traditionella konstruktionen.

En tredje variant är *Vi fick vars en glass/vars ett äpple*. I denna sydsvenska konstruktion har man uppfattat *varsin/varsitt* som *vars* följt av räkneordet *en/ett*. Därmed har bruket också kunnat utvidgas till att gälla även andra räkneord, till exempel *Vi fick vars två glassar/vars två äpplen*.

När man hör en variant som strider mot ens egen grammatik är det fullt naturligt att man reagerar och noterar den. Man upplever den som *ogrammatisk*, vilket dock inte utesluter att man förstår den. För mig är det till exempel helt otänkbart att spontant säga *Vi fick vars två glassar*, men det hindrar inte att jag förstår att det betyder samma sak som *Vi fick två glassar var*, som det heter på min svenska.

Här skulle man nu kunna frestas att ta till språkpolisiära metoder och jämställa sådant som finns med sådant som inte finns. För om konstruktionen *Vi fick vars en glass* inte finns i mitt språk, om den inte kan produceras med min uppsättning mentala grammatiska regler, kan man naturligtvis säga att den saknas i lika hög grad som *Vi fick sin glass var*. Skillnaden är dock att det förstnämnda finns, om också bara i andra sorters svenska än min, medan den senare varianten är ogrammatisk för alla svenskar.

Nu finns det också många människor som bedövat sin språkkänsla med något som man ibland kallar *inlärd irritation*, så att de reagerar mot varianter som av ett eller annat skäl anses fel, oavsett vad deras egen mentala grammatik säger.

Ett klassiskt exempel är frågan om det heter *han är större än mig* eller *han är större än jag*. Det traditionella språkpolisargumentet är att det ska heta *han är större än jag* med motiveringen att man ska underförstå ett *är*, det vill säga *han är större än jag är*.

Nu har dock en del språkpoliser blandat ihop sin egen språkkänsla med den inlärda irritationen och hävdar i stället att *han är större än jag* är den felaktiga varianten. De är alltså säkra på att den ena är fel men har svårt att hålla reda på vilken det är.

(Inom parentes kan nämnas att det traditionella motargumentet mot att man ska underförstå ett *är* är att det heter *han är större än sin bror*. Ska man tänka till ett *är* där borde det i stället ha hetat *han är större än hans bror*, eftersom *han är större än sin bror är* inte är grammatiskt i någon sorts svenska.)

Ett annat exempel är idén att det inte skulle gå att inleda meningar med *och* eller *men*. Tvärtom går det alldeles utmärkt. Varför skulle det inte göra det? För att småskollärare av tradition inte kommit på någon bättre strategi än att urskillningslöst förbjuda det i elevernas talspråksinspirerade skriverier? Vissa menar att *och* och *men* inte kan inleda meningar därför att de används för att binda samman saker – ord, fraser eller satser – och i början av en mening finns inget att binda ihop något med. Men naturligtvis gör det det. Vore alla meningar fristående inledningar på något helt nytt skulle det inte finnas några sammanhängande texter över huvud taget.

Eftersom det i sådana här fall handlar om en inlärd uppfattning reagerar man vanligen inte på samma instinktiva sätt som när det gäller en ogrammatisk konstruktion, utan det krävs att man vid det aktuella tillfället är tillräckligt uppmärksam för att notera språkfelet – hos sig själv eller andra.

Det sistnämnda är överlägset vanligast. Folk har nämligen en tendens att tro att de själva uttrycker sig såsom de tycker att man ska uttrycka sig. Det de inte vill kännas vid i sitt eget språk kan vara både sådant som de lärt sig i skolan att det är fel och sådant som de dömt ut på egen hand.

Som exempel på ett mer privat påfund kan vi ta följande: En person på ett internetforum retade sig på folk som uttalade ordet *bänk* med ett *ng*-ljud före *k* i stället för det enligt honom korrekta *n*-ljudet som han själv påstod sig använda. Eftersom det inte stavas *bängk* ska det inte heller uttalas så, menade han.

Det är dock bara struntprat. I naturligt tal heter det *bängk* med ett *ng*-ljud och ingenting annat, och skälet till det är mycket enkelt. Ett *n*-ljud som i *tänt* bildas med tungspetsen framme vid tänderna medan *k*-ljudet i *bänk* bildas längre bak i munnen med tungryggen mot gommen. När man säger *bänk* föregriper man helt enkelt *k*-ljudet genom att låta tungan inta position för det redan medan man uttalar ljudet innan, det ljud som skrivs *n*. Resultatet blir att man uttalar ett ljud som bildas på *samma sätt* som *n* men på *samma ställe* som *k*, det vill säga ett *ng*-ljud. Den som påstår sig uttala bänk med ett *n*-ljud – [bɛnk] i fonetisk skrift – har antingen oerhört dålig fonetisk självinsikt eller ett gravt talfel.

Ändå anses ofta fullt naturliga språkyttringar som uttalet *bängk* eller konstruktionen *större än mig* som fel. Hur ska vi då se på de här så kallade felen ur ett regelperspektiv? Vad är det för regler man bryter mot? Vi återgår till skillnaden mellan *var* och *vart*.

Det första språk man lär sig i livet är ett talat språk, och om vi omvandlar kapitelrubrikens fråga – *var finns de?* – till en mera talspråksnära form blir det *var finns dom?* Den skriftspråkliga skillnaden mellan *de* och *dem* saknas i de flesta sorters svenskt talspråk, och den regel man först tillägnar sig är att det genomgående heter *dom*.

Vi har också noterat att *vart* förekommer som ett alternativ till *var*, och i många människors talspråk är *vart finns dom?* den mest naturliga formen och för vissa rentav den enda möjliga formen av frågan. Det är också den varianten som vanligen anses fel.

Eftersom människor inte använt *vart* på det här sättet sedan tidernas begynnelse måste bruket ha uppkommit någon gång. När och hur är dock ointressant i det här sammanhanget, det väsentliga just nu är att den varianten är etablerad.

Om vi antar att alla människor i ett barns omgivning – familj, släkt, kompisar, dagisfröknar och så vidare – enbart använder formen *vart* för att fråga på vilken plats något befinner sig, då tillägnar sig självklart också barnet den varianten. Och vi kan knappast anklaga barnet för att ha brutit mot någon regel; tvärtom har det troget följt den enda regel som funnits tillgänglig.

Hur är det då med de andra människorna i barnets omgivning? Bryter de alla gemensamt mot någon regel och skulle därför lika gärna kunna säga *vack*, *veps* eller *passacaglia* i stället för *vart* beroende på vad de känner för i talögonblicket? Och vad är det i så fall för regel de bryter mot?

I alla fall inte den sorten som diskuterats ovan, för det finns bara en rimlig förklaring till att de alla gång på gång använder samma ord i samma betydelse och utan problem förstår varandra, nämligen att det heter *vart finns dom?* i deras språk. Tillämpar man de regler som gäller för det språket blir resultatet *vart finns dom?*

Ställer sig de här språkbrukarna någon gång tveksamma till sitt eget bruk av *vart* beror det på att de lärt sig att det anses fel, inte på att det strider mot deras inre grammatik. Man reproducerar nämligen inte språkliga konstruktioner på det här sättet om de är ogrammatiska.

Vart-sägarna bryter således lika lite mot *var*-sägarnas regel som *var*-sägarna bryter mot *vart*-sägarnas. De använder helt enkelt olika regler och båda fungerar precis lika bra för kommunikation inom respektive grupp.

Härmed förstår man också lättare varför *vack finns dom?* inte är ett alternativ att räkna med. *Var finns dom?* och *vart finns dom?* skiljer sig från det inte bara genom att de existerar utan också genom att de är fullt regelmässiga formuleringar inom sina respektive typer av språk. Om någon av misstag skulle säga *vack finns dom?* skulle det förvisso kunna sägas existera, men det följer likväl inga språkliga regler. Vi kan alla säga fel ibland liksom vi kan snubbla, men snubblandet är inte nödvändigtvis en del av vår gångstil.

Ibland händer det att språkpoliser försöker göra sig lustiga över andra genom att svara *Dit* på frågor som *Vart ligger den?* eller fråga *Hur stor är mig, då?* när någon säger *Han är större än mig*.

Vad uppnår de med det? Många gånger lyckas de nog förstärka ett redan existerande språkligt mindervärdeskomplex och få den andre att känna sig oduglig. Men de gör också något mer – de visar att de själva har ett ganska dimmigt begrepp om vad som ingår i språket och hur det fungerar. Syftet med att svara *Dit* torde vara att påpeka att den andre har brutit mot en språklig regel, men det största regelbrottet i sammanhanget är förstås att använda *dit* på ett sätt som helt saknar förankring i båda de inblandades grammatik.

Frågan är nu om det finns någon annan sorts regel än den mentala grammatikens regler som *Vart bor du?*-sägarna kan anses bryta mot.

Att språkriktighetsfrågor inte omfattas av vanlig lagstiftning har vi redan konstaterat, liksom att *Vart bor du?* följer språkliga regler i precis lika hög grad som *Var bor du?* Och att säga att man bryter mot en regel bara därför att man följer en annan är naturligtvis absurt. Det är som att säga att man bryter mot reglerna för ishockey genom att spela curling.

Fast språkpoliserna kan fortfarande hävda att *vart finns dom?* är fel. Det följer visserligen språkliga regler, men det är inte rätt regler. För av någon anledning tycks det vara svårt att ac-

ceptera att det skulle kunna finnas två regel-
system som båda är lika rätt – antingen ishockey
eller curling måste vara fel.

Vilka regler anses då vara rätt? Frågar man
folk kan man få ganska många olika svar, men
ett relativt vanligt svar är att det är reglerna för
det språk man lär sig i skolan. En naturlig följd-
fråga blir då vad det är för språk man lär sig där.
Det kan möjligen diskuteras, men skolans upp-
gift är i alla fall är att lära ut *standardspråket*, för
Sveriges del alltså *standardsvenska*, eller *riks-
svenska* som det oftare kallades förr.

Det kan vara intressant att notera att det
grundläggande för de flesta människor är just
uppfattningen att det finns ett språk som är
riktigare än andra. Vilket språk det är och hur
det ser ut kommer först i andra hand.

Med andra ord är det i normalfallet en färdig
uppfattning man tagit över från andra, vilket
också innebär att man kan hysa den oberoende
av vilka kunskaper man har om det riktiga språ-
ket. Somliga har både ett namn på det, till ex-
empel rikssvenska, och en mer eller mindre
tydlig uppfattning om dess regler. Andra kan
inte identifiera det vare sig med hjälp av en be-
nämning eller med en beskrivning av hur det
fungerar.

Detta skulle nu kunna innebära ett problem. Om man ska skaffa sig en bild av det riktiga språket kan det vid första anblicken verka lämpligt att utgå från dem som menar att det finns ett sådant. Men eftersom inte ens alla de har en klar bild av det blir det ganska svårt.

Ytterligare en komplikation är att de som har en uppfattning om vilka regler som gäller inte alltid är överens. Det måste betyda antingen att vissa av dem har fel och bara tror att de vet vad som gäller, eller att det även inom det riktiga språket finns variation. Eller både och.

Så om man med den utgångspunkten försökte komma fram till vilka regler som är de rätta skulle resultatet bli någonting i stil med "reglerna för de språkliga varianter som diverse olika människor tror är de rätta" eller "reglerna för det riktiga språk vars existens många är övertygade om". Det är inte till särskilt stor hjälp. För enkelhetens skull utgår jag därför från att det allmänt är standardspråket som anses vara det rätta, oavsett i vilken utsträckning enskilda språkpoliser känner till det.

En grundläggande egenskap hos ett standardspråk är att det historiskt sett är sekundärt. Många människor tror dock tvärtom att dialekter och andra språkvarianter är en sorts avarter som uppkommit genom att man avvikit från standardspråkets normer. Men det finns två förhållanden som tydligt visar att det inte är på det sättet: 1) det finns språk i världen som inte har och aldrig har haft något standardspråk; 2) de språk som har ett standardspråk har en historia som sträcker sig längre tillbaka i tiden än standardspråkets. Med *språk* menar jag i det här sammanhanget naturliga språk som utvecklats ur äldre språkstadier genom att människor kontinuerligt har använt dem, inte konstgjorda språk såsom esperanto och klingonska.

Vad är då ett standardspråk? Vår utgångspunkt var att ta reda på vilken sorts språk som anses vara det mest korrekta och vi kom fram till att det är standardspråket. Nästa steg borde då bli att definiera standardspråket och ta reda på vad det är som gör det till den mest korrekta varianten. Men nu hamnar vi i en lite märklig situation.

Om vi tänker oss att vi i stället var ute efter att ta reda på vilken maträtt som är nyttigast, då vill vi rimligen också få reda på varför den är nyttigast. Självklart vill vi ha ett svar som tydligt identifierar de relevanta egenskaperna hos maträtten, någonting i stil med: "Därför att den innehåller si och så mycket av de och de ämnena. De i sin tur har de och de effekterna på de och de organen i kroppen." Det svar vi minst av allt vill ha är: "Därför att den anses nyttigast." För det är ju ingenting annat än en återvändsgränd: Den är nyttigast därför att den anses nyttigast. Och varför det då? Jo, därför att den anses nyttigast. Och så vidare. Det är inget som säger att maträtten verkligen *är* nyttig.

För att komma fram till en definition av standardspråk kan vi ta första bandet av *Svenska Akademiens grammatik* (SAG) till hjälp. Där finns det ett sakregister med termförklaringar, och under *standardspråk* står det så här: "språkvariant som kan användas av alla språkbrukare utan att förknippas med någon särskild del av språkområdet och som i allmänhet uppfattas som den mest korrekta varianten."

Just det, att *uppfattas* som den mest korrekta varianten är en del av definitionen av ett standardspråk. Korrektheten är alltså inte en egenskap hos själva standardspråket utan något som sitter i uppfattningen om det, precis som nyttigheten hos maträtten ovan. Vi har med andra ord hamnat i just den sortens återvändsgränd vi ville undvika.

Man skulle kunna tänka sig en utväg genom att också fråga vem det är som anser eller uppfattar. Är det en grupp kostexperter som menar att maträtten är nyttigast är det möjligen lättare att acceptera det. Man hoppas i alla fall att deras åsikt är väl underbyggd.

När det gäller standardspråket handlar det dock om hur det uppfattas *i allmänhet*, inte av en handfull språkexperter eller språklagstiftare.

Men vi har ännu kvar den första delen av definitionen. Den säger visserligen inte heller att standardspråket är mer korrekt än andra varianter, men vi får i alla fall veta vad som utmärker det, nämligen att det är ett neutralt språk som inte förknippas med någon särskild del av språkområdet.

Vi kan också titta i *Nationalencyklopedin*. Beskrivningen under uppslagsordet *standardspråk* är ganska lång, så vi nöjer oss med den inledande definitionen (men läs gärna resten på egen hand): "*riksspråk*, den form av ett språk som i motsats till dialekter och andra varianter är allmänt accepterad och stilistiskt neutral." I princip samma innehåll alltså, men med lite andra ord.

Också benämningarna *standardspråk* och *riksspråk* säger oss en del: Det är ett standardiserat språk som ska vara gångbart i hela riket.

Varifrån kommer då standardspråket? Att det inte är primärt i förhållande till de olika talspråksvarianterna som finns har vi redan konstaterat. Tvärtom bygger det i rätt stor utsträckning på helt vanliga dialekter. Här finns det dock ingen anledning att gå in på några detaljer om dess historia. Vi hoppar i stället fram till förhållandevis modern tid.

Som exempel på hur standardspråket kan förändras kan vi se på hur ordet *strypa* har behandlats i SAOL genom åren. I de äldsta upplagorna anges bara preteritumformen *strypte*, men från och med den nionde upplagan (1950) anges även alternativet *ströp*. I den tolfte upplagan (1998) hände något nytt igen: Då bytte *strypte* och *ströp* plats, vilket innebär att *ströp* blev det som rekommenderades i första hand. Detta kommenteras så här i inledningen till den upplagan: "Dagens språkbruk visar upp en helt annan bild där *ströp* är normalformen, något som också meddelas i den nya upplagan."

Här har alltså SAOL-redaktionen bland tillgängliga varianter i det faktiska språkbruket valt ut den vanligaste varianten och rekommenderat att man i första hand använder den.

Ibland finns det dock en starkare normeringssträvan hos redaktionen, så det är inte nödvändigtvis alltid den vanligaste varianten som rekommenderas. Detta märks till exempel tydligt i önskan att begränsa användningen av engelskans *s*-plural i svenskan (*flera partner* i stället för *partners* och så vidare). Men i slutändan är det likväl språkbrukarna som avgör. Vill inte folk använda en viss form så är det oftast lönlöst att fortsätta rekommendera den.

SAOL är inte det enda stället där standardspråket beskrivs och definieras. Det finns också skrivregler, ordböcker, grammatikböcker, språkriktighetsböcker, språkspalter och olika typer av rådgivning.

Språkriktighetsböcker är lite speciella i och med att de normalt endast tar upp ett urval särskilt problematiska fall och uttryckligen rekommenderar respektive avråder från olika varianter.

När det gäller ordböcker och grammatikböcker finns samma förhållningsskala som i SAOL. De kan i olika hög grad beskriva språket som det är eller som författarna/redaktörerna vill att det ska vara. Gränsen mellan beskrivning och rekommendation är inte alltid klar och rekommendationerna är vanligen indirekta – man förtiger helt enkelt de varianter man inte vill rekommendera.

På så sätt kodifieras och omkodifieras standardspråket i en ständig växelverkan mellan språkbrukare och språkvårdare/språkbeskrivare. Språkbrukarna i fråga är i första hand de som producerar vissa typer av offentlig text, där till exempel morgontidningarnas kultursidor väger tyngre än hormonstinna tonårspojkars klotter på offentliga toaletter. Därmed är det också givet att standardspråket måste skilja sig från andra typer av språk. Med ett offentligt språk behöver man entydigt kunna uttrycka åtskilligt som inte är intressant eller relevant i vardagslivet, till exempel inom politik, ekonomi och vetenskap. Omvänt finns det också sådant som är viktigt på en lokal eller privat nivå, men inte på en offentlig.

En annan väsentlig skillnad är att man i stor utsträckning använder det offentliga språket för att tala *till* andra människor, medan man vanligen använder andra språktyper för att tala *med* varandra.

Standardspråk och andra typer av språk har kort sagt olika funktioner och måste därför se lite olika ut.

Därmed kommer vi tillbaka till frågan: Är det standardspråkliga regelsystemet mer rätt än andra?

Om man vill kan man naturligtvis säga att det är mer rätt i en statlig utredning eller dylikt, men det är inte det det handlar om här. Frågan är om det i standardspråket finns någon inneboende kvalitet som gör att det *alltid* kan betraktas som mer rätt, oavsett sammanhang. För det är den synpunkten språkpoliserna normalt ger uttryck för.

Den frågan får vi dessvärre spara ytterligare en stund, för först behöver vi ta oss an dialekter och lite annat. Tills vidare kan vi nöja oss med ett par liknelser från trafikens område. Här handlar det dock inte om att jämställa regler av olika slag, såsom var fallet med frågan om vilken sida av vägen man ska köra på i början av kapitlet, utan om att belysa kontrasten mellan det enskilda och det allmänna, det privata och det offentliga.

Om vi tänker oss Sveriges vägnät kan vi likna de större vägarna – motorvägar och motortrafikleder – vid standardspråket. I likhet med det är deras syfte att kommunikationen inom landet i stort ska fungera. Vägunderhåll kan då liknas vid språkvård.

Sedan har vi också de många småvägarna, de lokala och privata. Är de mindre rätt än de stora vägarna? Är man okunnig och gör sig skyldig till vägfel om man åker på dem?

Vi kan också jämföra med trafikljus. I likhet med standardspråket är trafikljus ett offentligt och standardiserat kommunikationssystem. Om vi nu tänker oss att någon ska dirigera ett flyttlass som ska backa in på en privat gård, hur ska personen i fråga gå till väga? Ska han skaffa en uppsättning röda, gröna och gula lampor att lysa med, eller räcker det bra med handviftningar, vars innebörder den dirigerande och den som kör bilen är överens om? Är handviftningarna fel? Bryter man mot trafikljussystemet genom att använda dem?

3. Dialekter, sociolekter och andra lekter

En person som flyttat till ett ställe där man vanligen säger *han* (i stället för *honom*) i meningar som *Jag slog han* beskrev vid ett tillfälle situationen så här: "Det tog ett tag att fatta att de flesta helt enkelt pratar så och att det hör till dialekten och att de inte är dåliga på svenska. Men vad skall resten av svenskarna som säger fel skylla på? De har ju inte dialekten att ta till som ursäkt."

Enligt den här personen finns det således olika skäl till att man säger fel: Man kan vara dålig på svenska eller så kan man tala dialekt. Dialekten skulle alltså inte vara rätt men i alla fall något man kan skylla på, ungefär som en taskig barndom i språkligt hänseende.

Samma slags uppfattning ligger bakom uttalanden som det här: "Varför säger så många *ejengklien* i stället för *egentligen*. Är det dialektalt för Stockholm eller är det bara rent slarv?"

Vad är det då som ger dialekten den här särställningen bland alla andra typer av felaktigt språk? Kanske har det att göra med att en dialekt är något som tycks ganska lätt att avgränsa och sätta en etikett på. De flesta människor känner till att det finns dialekter och de har i regel också en uppfattning om vad en dialekt är. Dialekter erkänns som någon form av språksystem – låt vara dåliga eller felaktiga sådana – vid sidan om det riktiga språket, medan andra typer av fel inte har samma grund att stå på. Lättja, slarvighet, okunskap och låg intelligens är några av de egenskaper man tillskriver dem som gör sig skyldiga till fel av det här andra slaget. Dialekter, däremot, får man oförskyllt med sig i livet oberoende av vilka personliga egenskaper man har.

Om det nu var så att också andra språkfel på samma sätt som dialekterna kunde härledas till en språkligt taskig barndom, skulle de då hamna på samma nivå som dialekterna i den språkliga hierarkin? I så fall skulle vi få en betydligt mer jämlik situation. För det är faktiskt inte särskilt många som lär sig ett renodlat standardspråk som förstaspråk i livet.

Det är på sin plats att diskutera vissa gränsdragningsfrågor, och eftersom *dialekt* är ett ord som används i lite varierande betydelser finns det anledning att dröja en stund vid det.

Allmänt kan *dialekt* definieras som en språklig variant som används – i första hand talas men ibland också skrivs – inom ett visst geografiskt område. Ordet *dialekt* kommer från grekiskans *dialektos* vilket kan översättas med 'sätt att tala'.

Dagens svenska dialekter har utvecklats ur en grupp äldre dialekter som talades innan de nuvarande riksgränserna mellan Sverige, Danmark och Norge kom till. För att förstå hur det hela hänger ihop behöver vi termen *dialektkontinuum* eller *dialektalt kontinuum*.

Vi tänker oss att det ligger 20 byar längs en geografisk sträckning från väst till öst, och vi kallar byarna A, B, C och så vidare ända till T. Invånarna i A och B förstår varandra utan problem även om det finns en del små skillnader mellan deras dialekter. Mellan A och C finns det fler skillnader, men förståelsen är ändå god. Ju längre österut A-borna kommer, desto svårare blir det för dem att kommunicera med människorna i de olika byarna. Invånarna i A och T har mycket svårt att förstå varandra. Kanske kan de över huvud taget inte kommunicera utan tolk.

Utgår vi i stället från B eller vilken annan by som helst är situationen densamma: Invånarna i byn har lätt att förstå de närmaste grannarna, och kommunikationssvårigheterna tilltar ju längre bort från utgångspunkten man kommer.

Ett dialektkontinuum är således ett geografiskt sammanhängande område med dialekter som skiljer sig så lite från granndialekterna att man inte någonstans kan dra en skarp gräns mellan dem, men likväl kan skillnaderna mellan dialekterna i ytterkanterna vara så stora att talarna av dem inte förstår varandra.

Nu bildar inte alla dialekter i hela världen sådana här kontinua. Klarare gränser kan finnas till exempel vid naturliga hinder såsom stora berg och skogar, eller också kan de sammanfalla med tydliga kulturella gränser.

För stora delar av Skandinavien kan vi dock räkna med ett relativt obrutet kontinuum i äldre tider. Och vi kan ännu skönja det, trots att många av våra dialekter i dag är försvunna eller i varje fall kraftigt utslätade.

Till exempel har östgötskan i de södra delarna av landskapet mer gemensamt med småländska än de nordligare varianterna av östgötska har, och likheterna mellan östgötska och småländska avtar ju längre söderut i Småland man kommer.

På samma sätt kan vi fortsätta från Småland ner till södra Skåne och vidare över till Danmark utan att stöta på några anmärkningsvärt skarpa dialektgränser. Samma sak gäller också om vi korsar gränsen till Norge. Oavsett om vi startar i Bohuslän, Jämtland eller någonstans däremellan har talspråket på den ena sidan om riksgränsen som regel en hel del gemensamt med det på den andra sidan.

Detta visar att det ibland kan vara ganska svårt att på rent språkliga grunder dra gränser inte bara mellan olika dialekter utan också mellan dialekter och språk. Därför bör det inte vara särskilt förvånande att det i första hand är av politiska skäl som skånska dialekter förs ihop med svenska och själländska dialekter med danska. De råkar talas på var sin sida om en riksgräns. En ofta citerad formulering är att "ett språk är en dialekt med en armé och en flotta". Förmodligen är det många islänningar och meänkielitalande som inte skulle hålla med om den definitionen, men den belyser ändå ganska väl hur liten roll själva språket kan spela vid gränsdragningen mellan olika språk.

På samma sätt är det ofta utomspråkliga faktorer som ligger bakom gränsdragningen mellan olika dialekter. Det som blir avgörande vid avgränsningen av en språkgemenskap gentemot andra är vanligen vilken ort eller annan centralpunkt man är starkast knuten till. Ofta finns det egentligen inget behov av någon fullständig avgränsning, man kan komma långt bara genom att ta fasta på vissa utmärkande drag:

"Vi säger *dörren* men dom säger *durren*." Att båda säger *väggen* spelar mindre roll.

Vad det handlar om här är alltså att avgränsa språktyper från varandra geografiskt, men liknande problem finns också inom språkligt avgränsade geografiska områden.

Ordet *dialekt* har i vardagligt tal en ganska stor spännvidd. Det kan beteckna allt från ett regionalt färgat standardspråk till språkformer som är fullkomligt obegripliga för en utomstående. I geografiskt hänseende innebär det att talarna i det första fallet bara antyder ungefär var i landet de hör hemma medan de i det andra fallet klart markerar att de hör hemma inom ett mycket specifikt område.

För att lättare kunna diskutera dialekter delar man ibland in detta vida betydelseomfång i mindre delar, vanligen fyra. Den typ av språk som skiljer sig mest från standardspråket brukar kallas *genuin dialekt* eller *traditionell dialekt*. Den skiljer sig på samtliga språkliga nivåer, alltså inte bara i fråga om uttal utan också när det gäller grammatik och ordförråd.

Fortsätter man vidare på skalan kommer man till *utjämnad dialekt,* där en del dialektala drag har ersatts av standardspråkliga.

48

Nästa steg är *regionalt standardspråk*. I det kan man av språkmelodin och uttalet av vissa enskilda språkljud urskilja åtminstone i vilken del av landet talaren hör hemma.

Och slutligen kommer man – åtminstone teoretiskt – till *neutralt standardspråk* eller *maximalt standardspråk*. Det är dock tveksamt om det finns något sådant när det gäller talspråk (också den "klassiska" mälardalska standardsvenskan har en tydlig geografisk hemvist).

Även denna till synes relativt klara indelning är i själva verket rätt flytande. Och problemet att avgränsa dialekter från språk finns också här.

I norra Dalarna finns det en del traditionella dialekter (eller språk) som i regel är tämligen svårbegripliga för de oinvigda. Också de dalmålstalande upplever att det är oerhört stora skillnader mellan deras språk och standardsvenska och betraktar sig i regel därför som tvåspråkiga – de talar antingen sitt mål eller svenska, inte två olika sorters svenska. Som exempel tar vi två meningar på Orsamål:

Falla dugd int ölld si längger. Ånn slo si mi nevuma o knimma ö sturgrästest sö tårer kulldred.

Meningarna är hämtade ur den år 2003 utgivna barnboken *Dö Tomtkalln wart sint* av Bitte

Nohrin Jernberg. De har testats på några infödda svenskar utan förkunskaper om Orsamålet och samtliga hade påfallande svårt att förstå vad de betyder.

Ändå är det mycket i dem som är gemensamt med standardsvenskan. Ordföljden är i princip identisk, och tittar man riktigt noga kan man också känna igen de flesta orden. *Falla, sturgrästest* och *kulldred* torde höra till de svåraste. Men hade de varit mer utbredda hade vi nästan kunnat omvandla det hela till begriplig svenska utan att byta ut eller flytta om några ord:

Falla dög inte hålla sig längre. Han slog sig med nävarna på knäna och storgrästes så tårarna kullrade.

Den svenska översättningen som ges i boken lyder: "Far kunde inte hålla sig längre. Han slog händerna mot knäna och gapskrattade så tårarna sprutade."

Av de tre problematiska orden är dessutom två inte så främmande som de först kan verka: *falla* är en sammandragning av *far lilla* och *kulldra* är besläktat med det mer välkända *kuller* i *kullersten* och *kullrig*. Återstår då bara *gräsas*, som är bildat till samma rot som i *grina* och har en direkt formell motsvarighet i tyskans *grinsen*.

I stor utsträckning har alltså Orsamålet väldigt mycket gemensamt med standardsvenskan.

Samtidigt skiljer det sig också ganska kraftigt från den. Vi kan till exempel notera att man på Orsamål använder *duga* (*dugå*) som en motsvarighet till standardsvenskt *kunna*.

På det ljudmässiga planet finns många skillnader. Bland annat kan man konstatera att Orsamålet inte har något *h*-ljud (*ölld* 'hålla' och *ånn* 'han').

Också ordböjningen uppvisar en del särpräglade drag, bland annat ändelsen *-test* (*sturgrästest*) mot standardspråkligt *-tes* (jämför *märktes*), bestämd form *tårer* (jämför standardsvenskt *tårarna*) samt formerna *nevuma* och *knimma*.

Orden *nevi* och *kni* är här böjda i en form som heter dativ plural. Motsvarande former har tidigare funnits allmänt i svenskan, men i standardspråket finns det bara rester kvar av dem i stelnade fraser som *all<u>om</u> givet* och *andr<u>om</u> till varnagel*.

Här finns det anledning att återknyta till den tidigare nämnda vanföreställningen att dialekter skulle vara ett slags fördärvat standardspråk. Vid sidan om den förekommer en i det närmaste motsatt missuppfattning, nämligen att traditionella dialekter genomgående skulle vara oerhört ålderdomliga, en sorts språkliga monument som stått orörda sedan urminnes tider.

Skillnaderna och likheterna mellan olika varianter av ett språk kan ur ålderdomlighetssynpunkt delas in i två grupper, *arkaismer* och *novationer*. En arkaism är ett ålderdomligt språkdrag och en novation en nybildning, ett nytt språkdrag som ersatt ett gammalt. Hit hör också tillkomsten av språkdrag utan att något annat försvinner och förlusten av språkdrag. Även i dessa fall handlar det om ersättning: något ersätter respektive ersätts av ingenting.

Med utgångspunkt från det korta textutdraget ovan kan vi då åter konstatera att bruket av dativformer (*nevuma* och *knimma*) är levande i Orsamålet men inte i standardspråket. Just i det fallet är Orsamålet ålderdomligare än standardspråket.

När det gäller *h*-ljudet råder i stället det motsatta förhållandet: standardspråket har bevarat det (arkaism) medan det försvunnit i Orsamålet (novation).

De har också gemensamma arkaismer och novationer. Ett exempel på det förstnämnda är den starka böjningen av *slå* (standardsvenska *slå, slog, slagit*; Orsamål *slå, slo, slaj*) gentemot andra språkvarianter där svaga former som *slådde* förekommer. En gemensam novation är däremot *å* i ordet *tår*. Ordet går i båda fallen tillbaka på ett äldre *tar*.

Slutligen kan vi också notera ett fall av skilda novationer där de två varianterna förändrats åt var sitt håll: den gemensamma utgångspunkten *kne* har i Orsamålet blivit *kni* och i standardsvenskan *knä*.

Men vad är då Orsamålet – ett språk eller en dialekt? Det enkla svaret lyder: Välj själv. Frågan verkar inte kunna avgöras på enbart språkliga grunder.

Bara ett par mil från Orsa ligger Älvdalen, där man talar älvdalska som är nära besläktat med Orsamål. I Älvdalen har man arbetat betydligt hårdare på att få sitt språk erkänt som just ett eget språk, bland annat genom att skapa en standardiserad stavning för de många talade varianterna och uppvakta regeringen för att få älvdalskan officiellt godkänd som ett minoritetsspråk eller landsdelsspråk. Hittills har man inte haft någon framgång, men sista ordet är kanske inte sagt än.

Vän av ordning frågar sig möjligen vad som skulle hända med de närbesläktade Orsa-, Mora-, Våmhus- och Oremålen om älvdalskan skulle bli erkänd som ett eget språk. Skulle de betraktas som älvdalska dialekter? Och vad skulle i så fall talarna av dem tycka om det? Det återstår att se. Eller inte.

Om vi lämnar genuina dialekter och vandrar vidare på vår dialektskala kan vi konstatera att termen *utjämnad dialekt* teoretiskt täcker en hel del, allt mellan genuin dialekt och regionalt standardspråk.

Allra längst ut i den ena änden på skalan kan vi tänka oss en Orsamålstalande som tenderar att slänga in ett standardspråkligt *h*-ljud i sitt tal i vissa ord men som i övrigt talar Orsamål utan svensk brytning, i den andra en som talar regional standardsvenska med tillskott av dialektordet *bjäcklig* ('krånglig, besvärlig').

Mellan dessa ytterligheter finns en mängd varianter. Förutom speciella ord som *bjäcklig* kan olika människors Orsasvenska innehålla till exempel böjda former av ordet *lagom* (*lagomt, lagoma*), ett efterhängt *å* i betydelsen 'också' (till exempel *Kom hit, du å*) eller konstruktioner som *Hon hade fulla håret i snö* eller *Hon hade snö fulla håret* (motsvarande standardspråkligt *Hon hade fullt av snö i håret* eller *Hon hade håret fullt av snö*).

Man skulle kunna försöka nyansera skalan ytterligare genom att föra in kategorier som *dialektalt färgat standardspråk* mellan *utjämnad dialekt* och *regionalt standardspråk*, men ska man driva det hela till sin spets finns det egentligen bara ett sätt att komma undan problematiska gränsdragningar, och det är att klassificera varje enskild individs språk för sig. Det medför naturligtvis stora praktiska problem och man skulle helt förlora överblicken. Så den fyrgradiga skalan är trots allt en bra kompromiss, bara man inte glömmer bort att den ger en mycket förenklad bild av verkligheten.

Så långt om dialekter. Det kanske viktigaste att komma ihåg är att var man än befinner sig på denna skala är det språk man talar ett fullt fungerande språksystem med grammatiska regler. Att det inte låter som standardsvenska beror alltså inte på att man saknar regler och pratar lite som man känner för, inte heller på att man är slarvig, lat eller ointelligent.

När man vill tala om en språklig variant utan att behöva ta ställning till om det är ett språk, en traditionell dialekt, en utjämnad dialekt eller något annat är det bra att ha ett ord för detta. I språkvetenskapliga sammanhang används för det mesta *varietet* som en övergripande term för olika språkliga varianter. En annan term med samma betydelse är *lekt*. Den ansluter sig till den andra delen i ord som *dialekt* och *sociolekt*.

Dialekter är som vi konstaterat geografiskt avgränsade varieteter eller lekter. Vi såg också ovan att det inom ett geografiskt område kan finnas olika grader av dialekt. Därmed är vi inne på en annan typ av lekter, nämligen sociolekter.

En sociolekt är som termen antyder en socialt avgränsad varietet. Det handlar här om varieteter som är kopplade till olika samhällsklasser, socialgrupper, socioekonomiska indelningar eller vad man nu vill kalla dem. Väsentliga faktorer vid klassificeringen är yrke, inkomst och utbildning.

I Sverige uppträder i regel den sociolektala variationen som grader av dialekt inom ett visst område på det sätt som beskrivits ovan. Om vi bortser från den stora mängd undantag som naturligtvis finns är grundprincipen ganska enkel: Ju mer en människas språk skiljer sig från standardspråket, desto längre ner på den sociala skalan befinner hon sig. Den språkliga variationen inom landet är med andra ord större i de lägre samhällsklasserna än i de högre. Det betyder också att en individs språk ofta kan betraktas antingen som dialekt eller sociolekt beroende på vilket perspektiv man väljer.

Korrelationen mellan grad av dialekt och samhällsklass i den nyss nämnda modellen stämmer i regel ganska bra ända upp till de nedre skikten av de högre samhällsklasserna. Sedan kan det hända att det slår över på den språkliga sidan så att språket åter blir mindre neutralt. Ett exempel på det är det spetsiga, lite surrande *i*-ljud som ibland kallas Lidingö-*i* och ofta uppfattas som utmärkande för överklassen.

Ytterligare en typ av variation finner vi mellan de varieteter som är knutna till olika åldersgrupper. Exempelvis det utpräglade bruket av *ba* för att bland annat markera citat är något som huvudsakligen hör hemma i ungdomsspråk och som man vanligen inte bevarar till vuxen ålder: "Å han ba: Fan säjer du? Å ja ba: Ja, typ." Den här sortens åldersavgränsade varieteter kallas ibland *kronolekter*, där det första ledet kommer av grekiskans ord för 'tid', *khronos*.

Det finns också en annan typ av åldersrelaterad variation där de yngre talarna i stället tar med sig sina specifika språkdrag in i vuxenlivet. Vi kan till exempel tänka oss en tidpunkt då äldre talare säger *Han kommer att göra det* medan yngre säger *Han kommer göra det*. En sådan variation kan spegla en pågående språkförändring. Om de yngre talarna behåller sin *att*-lösa konstruktion livet igenom och för den vidare till nästa generation kan det mycket väl hända att kon-

struktionen med *att* så småningom försvinner –
vilket för övrigt tycks vara på väg att hända i
svenskan just nu.

Det finns också många studier som visar att
män och kvinnor talar olika. Det har till exempel
noterats att kvinnor ofta har ett mer standard-
språkligt uttal än män och att det finns tydliga
skillnader i samtalsstil, det vill säga vad man
samtalar om och hur man gör det. Jan Einarsson
föreslår i sin bok *Språksociologi* (2004) termen
sexolekt för att beteckna köns- eller genusrela-
terade varieteter.

Ibland finns det också anledning att tala om
etnolekter, där den språkliga variationen korre-
lerar med etnisk tillhörighet hos språkbrukarna.
På ställen där det bor människor med många
olika etniska bakgrunder och där det talas flera
olika minoritetsspråk händer det att det uppstår
multietnolekter. Det som oftast går under namnet
rinkebysvenska är ett exempel på det.

Sedan finns det en mängd andra typer av
språkgemenskaper med en del språkdrag som är
specifika för just dem, till exempel yrkesgrupper
eller familjer.

Ja, det finns till och med en term för enskilda
individers varieteter – *idiolekter*, av grekiskans
idios 'egen'.

Dessutom är det också så att människor talar olika vid olika tillfällen. Alla har naturligtvis inte lika brett stilregister och alla är inte lika bra på att anpassa sig, men alla rör vi oss i någon mån utefter ett spektrum där vi anpassar språket efter vilka vi talar med och situationen som sådan. Generellt är det till exempel så att graden av standardspråk som används korresponderar med graden av formalitet i talsituationen: ju formellare desto standardspråkligare. Är vi på en anställningsintervju för ett jobb vi vill ha strävar vi i regel efter att uttrycka oss mer standardspråkligt än när vi umgås med nära vänner.

Fast det behöver inte alltid vara standardspråket man eftersträvar utan det kan också vara någon annan varietet som åtnjuter hög prestige i ett visst sammanhang. Om anställningsintervjun gäller ett arbete inom en bransch där vissa modeord ofta används vill kanske en del arbetssökande visa att de också behärskar det språket och hör hemma i branschen, till exempel genom att slänga sig med en massa svengelska uttryck som i andra sammanhang snarast skulle göra ett löjligt intryck.

En del människor, framför allt män, vill gärna framstå som tuffa och starka och använder då språkliga drag som de associerar med de egenskaperna, till exempel utpräglad dialekt, svordomar och slang. Genom att framhäva, eller till och med överdriva, en del språkdrag kan man på det här sättet försöka förmedla en viss bild av sig själv.

Ungdomsgäng är ett exempel på sammanhang där språket många gånger kan vara ett lika viktigt verktyg som exempelvis livsstil, musiksmak och åsikter för att visa att man är en del av gemenskapen.

En annan möjlighet är att använda språket för att ta avstånd från någon. Tycker man till exempel att någon är lite för snobbig eller förnäm kan man alltid lägga till ett par extra svordomar för att markera avståndet, eller använda fler "svåra" ord än sammanhanget kräver för att ta avstånd från någon man upplever som bonnig och obildad.

Sammanfattningsvis kan man konstatera att alla människor har ett varierat språk. Ingen har växt upp i total standardspråklig välmåga utan alla har haft en, i språkligt avseende, mer eller mindre taskig barndom. Och även om man senare i livet lär sig standardspråkets regler kommer man likväl att ha ett individuellt och mer eller mindre varierat språk.

Sanningen är att det inte finns två människor som talar helt identiskt. De som inte accepterar variation och menar att det bara finns en sorts talad svenska som är korrekt bör därför rimligen också anse att högst en människa i taget kan tala korrekt svenska.

Låt den människan kasta första stenen.

4. Talspråk och skriftspråk

Har man läst så här långt har man kanske noterat att jag glidit fram och tillbaka relativt obehindrat mellan talspråk och skriftspråk. Eftersom min ambition var att i stor utsträckning utgå från det vardagliga språktänkandet kan det ses som motiverat, för språkpoliser gör ofta ingen skillnad mellan tal och skrift.

De kan till exempel säga saker som det här: "Vadå *uppna durren*? Här hemma *öppnar* vi *dörren*. Har de gjort sig av med bokstaven *ö* i Stockholm, eller?"

Svaret är nej, de har inte haft någon lokal stavningsreform i Stockholm. När man talar kommer det inte ut några bokstäver ur munnen, precis som det inte flyger omkring en massa noter i luften när man lyssnar på musik. Bokstäver och noter använder man för att skriva. Det som låter och som vi hör med öronen är språkljud och toner.

Som vi sett fördömer också många språkpoliser det vardagliga talspråket med hänvisning till det skrivna standardspråkets grammatik.

Nu finns det dock goda skäl att hålla isär tal- och skriftspråk, även om de i stor utsträckning

överlappar varandra. I just det här samman-
hanget är det särskilt en sak som är viktig,
nämligen relationen mellan regler och det som
kallas språkfel.

De flesta språkpoliser gör ingen större
skillnad mellan att säga *vart bor du?* och att
skriva *aggretioner* i stället för *aggressioner*. Båda
anses lika fel. Men är de det?

När man använder *vart?* i betydelsen 'på
vilken plats?' gör man det därför att man följer
de regler som gäller för en viss typ av språk.

Kan samma sak sägas om *aggretioner*? Nej,
stavningsvarianten *aggretioner* följer inga sär-
skilda regler och hör inte hemma i någon speciell
språktyp där ordet normalt stavas så (förutom
möjligen på idiolektal nivå), utan man skriver så
därför att man helt enkelt är osäker och inte be-
härskar ordet i skrift.

Omvänt kan man också behärska ett ord
bättre i skrift än i tal, men det är inte lika vanligt.
Ett exempel är att man mycket väl kan förstå vad
förhyrd betyder och till och med veta på vilken
stilnivå det hör hemma, samtidigt som man kan
vara osäker på hur ordet betonas. Många betonar
det på samma sätt som *förköp* och tolkar det som
något man har hyrt i förväg medan standardbe-
toningen ligger på andra stavelsen som i *förbi*.

Till skillnad från *aggretioner* kan en person som skriver *dom* (i stället för *de/dem*) mycket väl göra det inom ramen för ett språkligt regelsystem. *Dom* hör visserligen inte hemma inom samma stilregister som *de/dem*, men det är lika lite fel som det är att säga *vart bor du?*

På liknande sätt kan man resonera när det gäller skiljetecken. Om man slumpmässigt slänger ut en näve kommatecken över en text, såsom många tycks göra, är det uppenbart att man inte följer några specifika språkliga regler. Om man däremot använder teckenkombinationer som :-) och :-D för att antyda hur man förhåller sig till något, följer man förstås vissa regler, trots att det normativa standardverket *Svenska skrivregler* inte innehåller ett ord om hur man ska handskas med smileys.

Sedan finns det också gränsfall där den språkliga variationen kan innebära en pågående eller framtida förändring.

I jämförelse med *aggretion* är stavningsvarianten *diskution* relativt vanlig. Den har uppkommit av samma anledning men fått något större spridning. Skulle den få tillräckligt stor spridning kan den mycket väl slå ut standardformen *diskussion* och bli en normal del av vardagligt skriftspråk precis som formerna *mej* och *dej* – och kanske mer än så. Ordet *tjusa* är ett exempel där en historiskt omotiverad stavning blivit norm. Ordet är besläktat med engelskans *choose* och "borde egentligen" stavas med *kj* i början, vilket det också gjorde för några hundra år sedan.

När det gäller *de* och *dem* finns det många som inte behärskar reglerna för det neutrala standardspråket. En del av dem skriver *dom* i stället, vilket fungerar bra i vissa stilar, medan andra chansar och skriver *de* ibland, *dem* ibland och hoppas att det blir rätt. Men kanske håller också en alternativ regel på att växa fram? Det skulle kunna handla om att det inte är vare sig den grammatiska funktionen eller slumpen som avgör om det ska vara *de* eller *dem*, utan exempelvis var i satsen ordet står i förhållande till andra satsdelar. Hur det går med det återstår att se.

Något annat som i hög grad berör relationen mellan tal och skrift är den tidigare nämnda uppfattningen om att ord ska uttalas som de skrivs. I det sammanhanget nämndes exemplet *bänk* som i naturligt tal uttalas *bängk*, eftersom det ljud som skrivs *n* anpassar sig till det följande *k*-ljudet.

Den här typen av anpassning, där ett språkljud anpassar sig till ett annat, förekommer inte bara i enkla ord som *bänk* utan även i sammansättningar som *pannkaka*. Normaluttalet för de flesta när de talar utan att tänka specifikt på sitt uttal är *pangkaka* och inget annat. *Pannkaka* med ett *n*-ljud säger man bara när man har anledning att vara extra tydlig.

I mer komplicerade konsonantgrupper är det vanligt att en eller flera konsonanter försvunnit i tal men bevarats i skrift, så att exempelvis *skridskor, handskar* och *midsommar* uttalas *skrisskor, hanskar* och *missommar*.

På samma sätt finns det inget *d* i normalt uttal av *tandkräm*, och precis som i *pannkaka* anpassar sig dessutom *n*:et här efter *k*-ljudet så att resultatet blir *tangkräm*.

Återigen, är man extra tydlig kan det bli *tannkräm*, eller kanske till och med något i stil med *tantkräm* om man är en inbiten läsuttalare (se nedan). Men det är bara om man anstränger sig väldigt mycket som man uttalar en ljudkombination som *ndkr*.

En liknande anpassning som i *tandkräm*, fast framme vid läpparna i stället för vid gommen, ligger till grund för de vanliga uttalen *tammborste* och *brammbil* av *tandborste* och *brandbil*.

Bland dem som tycker att ord ska uttalas som de stavas finns två huvudgrupper: de som retar sig på uttal som *tammborste* och *brammbil* och de som förnekar att den typen av uttal över huvud taget förekommer.

Men de som inte tror på att de här uttalen existerar kan gärna fundera över hur det kommer sig att många har tolkat ordet *hamburgare* som *handburgare*, en burgare man håller i handen. Det är trots allt en missuppfattning som förutsätter att det finns en direkt koppling mellan stavningar som *brandbil* och uttal som *brammbil*.

Att *ham(m)* inte betyder något på svenska medan *hand* verkar passa någorlunda bra i sammanhanget har också bidragit en del. Detta är ett exempel på vad man brukar kalla *folketymologi*. En direkt parallell finns i engelskans *sandblind*, där det till synes mer begripliga *sand-* har ersatt ett tidigare *sam-*, som betydde 'halv' (jämför *semi-*).

Det har till och med gått så långt som att vissa *uttalar* ordet *hamburgare* som *handburgare*.

Men vänta nu, hur går det ihop? Jag påstod nyss att formen *handburgare* ska ha uppkommit därför att man trott att det som uttalas *hamburgare* är bildat av *hand* + *burgare* på samma sätt som det som uttalas *brammbil* är bildat av *brand* + *bil*.

Utifrån den beskrivningen borde det vara otänkbart att folk inte bara skriver utan också säger *handburgare*. Likväl gör vissa det, i alla fall när de är extra tydliga (annars blir det nog mest *hannburgare*, ungefär som *tannkräm*).

Det begrepp vi behöver för att förstå detta är *läsuttal*. Det innebär att man uttalar något som det skrivs i strid mot det traditionella uttalet. Den underliggande mekanismen här är densamma som när man tror att man inte säger *bängk*, nämligen uppfattningen att skriften skulle vara ett riktmärke för uttalet. Skillnaden är att man inte inbillar sig att man uttalar något på ett visst sätt (som *bängk*) utan faktiskt gör det, till exempel *midsommar* med ett tydligt hörbart *d*, trots att det länge saknats i de flesta svenskars normaluttal.

Två andra exempel är *och* med ett tydligt *k*-ljud sist i strid mot det traditionella uttalet *å* och *jag* med ett *g* i slutet, något som annars inte funnits i det vardagliga talspråket på hundratals år.

En lustig konsekvens av att man börja hänvisa till sig själv med ljudsekvensen *jag* i stället för bara *ja* är att det ljudmässigt identiska ordet *ja* som motsats till *nej* har börjat skrivas *jag* (gör gärna en Googlesökning på fraserna "jag eller nej" och "jag och nej" inom citationstecken). Och inte bara det, precis som med *handburgare* händer det också att det slinker ut ett *jag* ur munnen på vissa när de håller med om något eller svarar jakande på en fråga.

Så kan det gå när man får för sig att talspråk skulle vara en degenererad form av skriftspråk. Men som vi konstaterade när det gäller relationen mellan traditionella dialekter och standardspråk är det skrivna standardspråket sekundärt i relation till de talade dialekterna, och på det sättet är det generellt i relationen mellan talspråk och skriftspråk. Det gäller inte bara språkgemenskapen i stort utan också på individuell nivå: vi lär oss tala innan vi lär oss skriva – om vi över huvud taget gör det. Det finns trots allt mängder av språk i världen som enbart talas.

Hur kan talarna av dem veta hur ord ska uttalas när de inte har något skriftspråk att utgå från?

Även det som så småningom mynnade ut i svenska var garanterat enbart ett talspråk innan man började karva in runor i olika föremål. De tidigare nordiska runorna var tjugofyra till antalet, men under vikingatiden använde man en runrad med bara sexton tecken, vilket är betydligt färre än antalet språkljud man hade i

svenskan då. Vi får glädja oss åt att människorna
på den tiden inte fick för sig att börja läsuttala.
Hade de ivrat för ett ett-till-ett-förhållande mel-
lan språkljud och skrivtecken där skriften ges
företräde, hade det kunnat få ganska allvarliga
konsekvenser för svenskan som kommunika-
tionsmedel.

5. 140 miljoner ryssar kan inte ha fel

Om man ska klaga på folks språkbruk är det en fördel om man gör det av rätt anledning och inte försöker gömma en rent känslomässig reaktion bakom skenbara förnuftsargument. Tycker man illa om ett språkdrag enbart därför att det framkallar rysningar hos en bör man säga det och ingenting annat (eller ingenting över huvud taget).

Vi har tidigare noterat att en del lustigkurrar till språkpoliser kan svara *Dit* på en fråga som *Vart ligger den?* Nu är dock inte alla lika humoristiska utan säger kanske i stället något i stil med: "Det heter *Var ligger den?* Kan du inte svenska?" Men vem är det egentligen som kan svenska – den som använder sitt svenska modersmål helt enligt dess regler eller den som inte ens har förstått att *vart* för länge sedan fått en ny betydelse?

Fast någon egentlig brist på förståelse handlar det naturligtvis inte om, även gemene språkpolis förstår i regel vad *Vart ligger den?* betyder. Däremot är det många som gärna hävdar att det skulle vara svårt att förstå, eftersom det kan bli tvetydigt om *vart* kan betyda både 'på vilken plats' och 'till vilken plats'.

Ja, det finns situationer där *vart* skulle kunna vara tvetydigt, situationer där skillnaden mellan *var* och *vart* innebär en nyansskillnad. I *Språkriktighetsboken* (utarbetad av Svenska språknämnden, 2005) ges ett exempel där en person ställer en fråga till sin motionerande sambo efter att han kommit hem från en löptur: *Var sprang du?* eller *Vart sprang du?*

Svaret på den första frågan skulle kunna vara *I Slottsskogen* och på den andra *Till Järntorget och tillbaka.* Med frågan kan man på det här sättet markera om man är intresserad av att få veta 'på vilken plats' eller 'till vilken plats' han sprang.

I en sådan situation skulle alltså en nyans kunna gå förlorad om man genomgående använde *vart*. Men i de allra flesta situationer finns inte den här möjligheten, så nyansförlusten skulle på det hela taget vara ganska liten. Engelskan, som många tycker är så uttrycksfull, har klarat sig bra med bara ett ord för både riktning och befintlighet i drygt tusen år (*where* 'var; vart', *there* 'där; dit' och *here* 'här; hit'), så det skulle nog svenskan också göra om det behövdes. Det finns alltid möjlighet att ytterligare precisera sin fråga om det är någon särskild aspekt man vill lyfta fram.

Fast visst kan man ändå tycka att det är synd om en nyans går förlorad, det gör jag också. Men är det verkligen tvetydighet och förlust av nyanser det handlar om?

Möjligheten att uttrycka olika nyanser med *var* och *vart* finns bara vid verb som uttrycker en rörelse, såsom *springa, åka, gå* och *kasta*, som i exemplet ovan. Vid befintlighetsverb som *bo* och *ligga* kan *vart* aldrig vara tvetydigt, för i de fallen är befintlighetstolkningen garanterad av verbets betydelse. Det vill säga *vart bor du?* kan inte betyda något annat än 'på vilket plats bor du?', eftersom 'till vilken plats bor du?' enbart är nonsens.

Ändå är det bara när *vart* används i den här typen av garanterat entydiga formuleringar med befintlighetsverb som språkpoliserna reagerar. Vore det tvetydigheten man vände sig emot borde man väl i första hand reagera på *vart* + rörelseverb och bli irriterad på att man inte vet vilken tolkning som är den rätta?

Om så många nyanser som möjligt och så få tvetydigheter som möjligt vore det primära finns det dessutom mycket annat språkpoliserna skulle kunna invända emot – till exempel ordet

vart. För även om vi bortser från befintlighet
återstår ändå två möjligheter, riktning/håll och
mål.

Termen *riktning* används ibland om båda,
men det handlar likväl om två olika saker: rö-
relse i en viss riktning utan angiven slutpunkt
respektive rörelse ända fram till något.

Om till exempel någon har stulit något och
sedan sprungit iväg från platsen kan någon som
anlänt strax efteråt mycket väl fråga *Vart sprang
han?* Frågan gäller då inte i första hand 'till vil-
ken plats' han sprang utan 'åt vilket håll'.

Eftersom det nu är så tvetydigt kanske man
bara borde använda ordet *vart* för att efterfråga
mål och reservera *varthän* eller *vartåt* för de fall
då man är intresserad av riktning? Det skulle
också passa bra in i det symmetriska system som
redan finns: *där – ditåt – dit; inne – inåt – in; fram-
me – framåt – fram; var – varthän/vartåt – vart* och
så vidare.

Till det kan vi också lägga alla andra tve-
tydigheter som språket vimlar av, till exempel
ordet *ny*: "Min gamla bil gick sönder så jag blev
tvungen att köpa en ny." Har jag köpt en nytill-
verkad, obegagnad bil eller bara en som är ny för
mig men kanske begagnad?

Nej, den dubbeltydigheten hos *vart* eller *ny* språkpolisar man sällan mot av det enkla skälet att inte tillräckligt många har fått för sig att det skulle vara fel.

Vissa människor har också sagt att språket förlorar en nyans och blir tvetydigt om man inte skiljer mellan *före* och *innan* på det sätt som många tycker att man ska göra. Jag har dock inte hört eller själv kunnat komma på något exempel som klart illustrerar den här eventuella nyansförlusten eller tvetydigheten.

I en hiss i en av Uppsala universitets byggnader satt en gång en skylt där det stod vilka åtgärder man skulle vidta "om hissen stannar innan våningsplanet". Någon hade strukit över *innan* och i stället skrivit dit *före* med tuschpenna. Varför det? Var texten tvetydig? Ja, teoretiskt fanns det två tolkningsmöjligheter: 1) hissen stannar innan den når våningsplanet; 2) hissen stannar innan våningsplanet stannar.

Nu är visserligen inte människor nödvändigtvis särskilt intelligenta bara därför att de vistas på ett universitet, men jag tror ändå att de som åker med hissen klarar av att utesluta alternativ nummer två. Dubbeltydigheten är med andra ord enbart teoretisk. Ska man ta hänsyn till sådant borde man även korrigera *våningsplanet,*

vilket faktiskt skulle kunna syfta på ett flera
våningar högt flygplan.

Och hur är det nu med nyansförlusten? Om
man gör en strikt åtskillnad mellan *före* och *innan*
och använder dem i var sin funktion kan man
uttrycka två olika saker med två olika ord.

Om man gör en mindre strikt åtskillnad kan
man fortfarande uttrycka samma två saker med
samma två ord. Det enda som skiljer är hur funk-
tionerna är fördelade på de två orden.

Om det ena ordet försvann fullständigt ur
språket skulle man fortfarande kunna uttrycka
samma saker som tidigare. Nyansen försvinner
först då det blir så dubbeltydigt att det inte går
att avgöra vilken av de möjliga tolkningarna som
är den rätta. Vi såg ovan att *Vart sprang du?* kan
vara ett exempel på det. Men när det gäller *före*
och *innan* är tvetydighet uteslutet eftersom den
huvudsakliga skillnaden mellan dem inte ligger i
vad de betyder utan vilken grammatisk funktion
de fyller, och det framgår ändå, oavsett om man
använder *före* eller *innan* (jämför engelskans
before).

Om man fördömde lite mindre och i stället
tog vara på språkets resurser skulle man tvärtom
kunna få fler nyanser. Här skulle jag egentligen
behöva säga några ord om grammatik (närmare

bestämt om skillnaden mellan prepositioner, t.ex.
under/före middagen, och subjunktioner, t.ex.
medan/innan vi åt middag), men jag struntar i det
och litar på att läsaren ändå förstår vad jag
menar.

När det gäller alternativa formuleringar som
innan/före kvällen och _innan/före honom_ tycker
vissa språkpoliser att man bara ska använda _före_.
Många språkbrukare säger dock _innan kvällen_ och
innan honom, men tendensen är starkare i de fall
där det finns en tydlig tidsanknytning. Språk-
känslan gör med andra ord mindre uppror mot
innan kvällen än mot _innan honom_. Och tack vare
denna koppling mellan _innan_ och den tidpunkt
det handlar om kan man åstadkomma en
nyansskillnad mellan _innan_ och _före_. Om man
säger _Jag får ont i magen om jag dricker kaffe före
frukosten_ betecknar nog _frukosten_ i första hand det
man äter. Om man i stället använder _innan_ i
samma mening ligger fokus mer på den tidpunkt
då frukosten intas.

Varför inte uppmuntra och förespråka den
distinktionen i stället för att rutinmässigt för-
döma bruket av _innan_ i de här sammanhangen?
Tycker språkpoliserna inte om nyansrikedom?
Varför skulle det plötsligt vara bättre med tve-
tydighet? Utesluter man möjligheten att använda

innan här kan man ju inte lika smidigt precisera om det är på fastande mage eller för tidigt på dagen som man får ont i magen av kaffe.

Ett exempel på en annan alternativ konstruktion som skulle kunna öka nyansrikedomen i språket är *Pressekreteraren meddelade att Persson kommer inte* vid sidan om *Pressekreteraren meddelade att Persson inte kommer.* I det första fallet kan ordföljden markera att talaren/skribenten ställer sig bakom och håller med om det som sägs medan den andra versionen endast återger vad pressekreteraren sagt.

Också genom att alternera mellan konstruktionerna *Jag hade kunnat gjort det* och *Jag hade kunnat göra det* kan man få fram olika nyanser. Den första versionen kan till exempel uttrycka en förverkad möjlighet eller markera en handling såsom tydligt avgränsad. Jämför exemplen *Jag hade kunnat cyklat till jobbet i morse, om jag bara hade startat tidigare* och *Jag hade kunnat cykla vid det här laget, om jag bara hade tränat ordentligt.* Eller *Jag hade kunnat gjort det på två timmar* och *Jag hade kunnat göra det i åtminstone två timmar.* (Exemplen i detta och föregående stycke är tagna ur *Språkriktighetsboken*, s. 320-324 och 294-303, och Margareta Westmans uppsats "Språkvård, sam-

hälle och naturlig grammatik" publicerad i
Språkets myller, 2001:16.)

En annan typ av språkpolisiär argumenta-
tion går ut på att försöka använda regler utanför
deras giltighetsområde. Jag har tidigare berört
liknande frågor i kapitlet om språkliga regler.
Där användes ishockey och curling för att illus-
trera olika regelsystem och en del uppfattningar
man kan ha om relationen mellan dem. Att an-
vända regler utanför deras giltighetsområde in-
nebär då exempelvis att bedöma spelarnas in-
satser i en ishockeymatch med utgångspunkt
från de regler som gäller för curling.

Det mest uppenbara språkliga exemplet är
att döma ut ett språkdrag i en varietet (icke-stan-
dardspråk) med hänvisning till reglerna i en
annan (standardspråk), ungefär som om man
skulle hävda att ärtsoppa är fel med hänvisning
till ett recept på jordgubbskräm.

Men det kan också hända att man överför
regler till ett språk från ett annat, eller till och
med från något helt annat än ett språk, såsom
logik eller matematik.

Här kan vi vidga våra vyer lite och ta ett
engelskt exempel. I vissa sorters engelska an-
vänds regelmässigt två eller flera negerande ord
för att uttrycka en negerande betydelse, till ex-

empel *He didn't say nothing* (bokstavligen"han sa inte ingenting") motsvarande standardspråkets *He didn't say anything* ('han sa inte någonting/ han sa ingenting').

I engelskspråkiga länder är konstruktionen en kär måltavla för språkpolisiära angrepp och det är en konstruktion som existerar på samma sätt som *Vart bor du?* i svenskan. En svenska jag talade med en gång vägrade dock tro på det utan hävdade att det bara var engelskspråkiga barn som använde negationer på det här sättet och sedan slutade med det när de blev äldre. Men så är det inte. Konstruktionen har mycket gamla anor och fanns redan i fornengelskan, vars främre gräns brukar sättas omkring 1000-talet e.Kr.

Under medelengelsk och tidig modern engelsk tid fortsatte den att användas av (vuxna) diktare som Chaucer och Shakespeare. Två verser ur Chaucers *Canterbury Tales* från sent 1300-tal kan tjäna som exempel (negationerna är kursiverade): "He *nevere* yet *no* vileynye *ne* sayde in al his lyf unto *no* maner wight". Fyra negationer alltså. På svenska skulle vi någorlunda ordagrant kunna återge meningen så här: "Han aldrig ännu ingen oförskämdhet inte sade i hela sitt liv till ingen sorts person."

Fast sedan hände något. Vissa människor fick för sig att latin var ett bättre språk än engelska, och eftersom man inte kan uttrycka sig så på latin ska man heller inte göra det på engelska. Samma sorts resonemang låg också bakom den vitt spridda uppfattningen att man inte ska avsluta meningar med prepositioner, något Churchill reagerade på med ett uttalande som cirkulerat i några olika versioner, bland annat denna: "This is the kind of language up with which I will not put."

I dag är det vanligen inte latin man hänvisar till utan logik och matematik. Eftersom två negationer upphäver varandra blir utsagan positiv och därmed borde *He didn't say nothing* "egentligen" betyda 'han sa någonting'. För *inte ingenting* är ju detsamma som *någonting* enligt principen $1 - -1 = 1 + 1$.

Vi känner igen skygglappsargumentationen från dem som envist hävdar att *vart* inte kan uttrycka befintlighet. I själva verket är det inte särskilt anmärkningsvärt att en språklig betydelse uttrycks på flera sätt samtidigt. Jämför till exempel den svenska frasen *det stora bordet*. Där markerar vi bestämdhet på flera ord trots att det teoretiskt hade räckt med ett – *det stor bord* eller *storbordet*.

På samma sätt fungerar det med multipla negationer i vissa språk. I svenskan är det inte lika vanligt som i engelskan, men det förekommer till exempel i några av dalmålen. På Orsamål kan meningen *He didn't say nothing* uttryckas med *Ånn sad int assint* ("han sa inte alls-intet"). Sporadiskt förekommer likartade uttryckssätt också i andra typer av svenska, men där är det just sporadiskt och inte nödvändigtvis regelmässigt.

Eftersom uttryckssättet i både engelska och svenska hör hemma i andra varieteter än standardspråket kunde kanske någon frestas att dra slutsatsen att standardspråk generellt är mer "logiska", men det finns även standardspråk där multipla negationer är regel, till exempel ryska. Där heter 'han sa ingenting' *On ničego ne skazal* ("han ingenting inte sa").

Om det nu var så att två negationer tog ut varandra borde ett tillägg av en tredje negation åter göra utsagan negativ. *He didn't say nothing* skulle då vara positivt men *He didn't say nothing to nobody* ("han sa inte inget till ingen") negativt. På ryska blir det *On ničego nikomu ne skazal* ("han ingenting till-ingen inte sa"). Men som tur är behöver varken talare eller lyssnare inom dessa språk/varieteter räkna negationer för att vara

säkra på om det i slutändan hamnar på plus-
eller minussidan – det fungerar helt enkelt inte
på det sättet.

Och varför skulle språkliga negationer fun-
gera som om de vore en del av matematiken?
Och varför i så fall bara de? Det finns även andra
begrepp som språk och matematik tycks ha ge-
mensamt, till exempel *rot*. I svenskan har vi ex-
empelvis roten *stäng* som förekommer i *stänga,
stängde, avstängning, instängd* etc. Ska vi i stället
försöka föra över matematikens rotbegrepp på
svenska språket och hävda att *två* är roten ur
ordet *fyra*? Vad blir i så fall *stäng* upphöjt till två?
Och vad ska vi egentligen föreställa oss om
någon säger att professor Dumbledore i Harry
Potter-böckerna ibland håller *udda tal*?

Nej, grammatik är inte matematik eller logik.
Likväl är logikargument av diverse slag ganska
vanliga när folk diskuterar språkriktighet. Man
vänder sig till exempel också mot ord som *skitgod*
och *jätteliten* med hänvisning till att skit inte är
gott och jättar inte är små. Alltså skulle det vara
ologiskt.

Hade nu *skitgod* betytt 'god som avföring'
hade det förvisso varit en smula anmärknings-
värt (fast fortfarande inte ologiskt), men som
även de flesta språkpoliser känner till används

skit- och *jätte-* i de här orden för att förstärka *god* respektive *liten*.

Däremot finns det en mängd uttryckssätt som utan större ansträngning skulle kunna anses ologiska på ett eller annat sätt. Men i likhet med tidigare nämnda standardspråkliga tvetydigheter får de ganska liten uppmärksamhet från språkpolisiärt håll. Vi säger till exempel att två saker ligger *ovanpå varandra*, trots att det bara är den ena som ligger ovanpå, eller att vi *skär upp* grönsaker trots att vi vanligen för kniven neråt mot skärbrädan. Dessutom påstår vi att solen både *går upp* och *går ner*, vilket är direkt lögnaktigt. Vad är det egentligen för världsbild vi prackar på våra barn?

Frågan om solens rörelser gränsar dock till ett område där en del språkpoliser utmärker sig. Vissa tycks ha påfallande svårt att skilja mellan tekniska termer och vardagsspråk. Därför kan man enligt dem inte säga åt någon som går för långsamt att *öka takten*, eftersom takter inte är något man kan öka i musikaliska sammanhang. Däremot kan man öka *tempot*.

På liknande sätt kan man inte spela *högt* såvida man inte avser tonhöjd. Nähä, förlåt, grannarna spelade så *starkt* i går kväll att jag inte kunde sova.

Gränserna mellan de olika typerna av argument är många gånger ganska flytande. *Ultrarapid* är ursprungligen en filmteknisk term. I vardagsspråk används ordet huvudsakligen i den fasta frasen *i ultrarapid* för att ange en mycket långsam rörelse, till exempel *Han rörde sig i ultrarapid.* Många tycker dock att det är ologiskt, eftersom *ultra-* är förstärkande, liksom *skit-* i *skitgod,* och *rapid* ursprungligen betyder 'snabb'. Alltså borde *ultrarapid* bara användas om sådant som rör sig skitsnabbt.

När det gäller *ultrarapid, skit(god)* och *jätte-(liten)* hänvisar man alltså till en ursprunglig eller åtminstone äldre betydelse av orden. Logik och språkhistoria överlappar i själva verket varandra ganska ofta i argumentationen. Man skulle kunna sammanfatta huvuddragen i den med en allmän formel: "Eftersom X tidigare inte betydde 'Y' är det ologiskt eller fel att använda det i betydelsen 'Y'."

Formeln är giltig för *skitgod, jätteliten* och *ultrarapid* men också för mycket annat jag har diskuterat eller nämnt, till exempel *vart, amma* och *krokodiltårar.*

Men var ska man dra gränsen? Hur långt tillbaka i tiden ska man gå för att hitta den riktiga betydelsen av eller formen hos ett ord?

Troligen inte så långt tillbaka som möjligt. Jag har i alla fall inte stött på någon som tycker att man bara ska använda ordet *kvick* i den äldsta belagda betydelsen 'levande', eller ersätta ordet *syster* med den äldsta form som kan rekonstrueras, nämligen protoindoeuropeiskans **swesor* (se vidare kapitel sju). Inte heller har jag träffat någon som tycker att man ska använda *han* i meningar som *Jag såg han* därför att det var så man gjorde innan man "felaktigt" började använda *honom* i den funktionen.

Det verkar snarare som om gränsen varierar lite beroende på hur gamla de olika språkpoliserna är. Så länge en förändring har fullbordats innan en språkpolis blir språkmedveten och han eller hon slipper uppleva variationen är det normalt inga problem. Så i stor utsträckning är det nog så att språkförändringar är ganska okej – bara de inte inträffar under den enskilde språkpolisens egen livstid.

Till sist återstår då bara argumentet att något är fel därför att det inte är standardspråk, eller snarare "det språk man lär sig i skolan".

Det är intressant att notera att det även här oftast handlar om den enskilde språkpolisen, som därför borde säga "det språk *jag* lärde mig i skolan". För om barnen i dag får lära sig något annat beror det förstås på att lärarna är okunniga eller på att språket förfallit. Att det kanske bara är standardspråket som förändrats spelar alltså ingen roll – det som gällde när den enskilde språkpolisen gick i skolan ska gälla för all framtid, eller åtminstone så länge han eller hon lever.

Men det finns också språkpoliser som anser att de själva fått lära sig fel i skolan. Ibland stämmer det naturligtvis, men det kan också handla om att de på ganska lösa grunder byggt upp en privat norm. De kan till exempel säga att det alltid är fel och slarvigt att utelämna *har* och *hade* i meningar av följande typ: *Språkpolisen säger/sa att läraren (har/hade) begått ett misstag.*

Möjligheten att utelämna *har/hade* i sådana meningar har funnits i svenskan i ca 300 år. Till en början var det ett skriftspråkligt drag, sannolikt övertaget från tyskan, varifrån det senare försvunnit, och det har länge ansetts höra hemma inom det mer formella språket. Till exempel skrev Wellander i sin bok *Riktig svenska* att ”[d]et finns få drag, som åt framställningen ge en så tydlig prägel av stelare skriftspråk som utelämnandet av detta hjälpverb” (tredje, översedda upplagan, 1955, s. 276). Men i dag förekommer det inom alla stilarter, i såväl skrift som tal.

Var det förr man slarvade, när man uttryckte sig formellt, eller är det i dag man gör det, när man uttrycker sig stilistiskt neutralt?

En annan ganska stor grupp av språkpoliser är de som omedelbart måste sortera in olika varianter i rätt/fel, bra/dåligt, fint/fult så fort de blir medvetna om att det finns två uttryck som konkurrerar om samma innehåll. Det gäller inte bara fall där de har för sig att den ena av två varianter är fel men inte kan komma ihåg vilken, till exempel *större än mig* respektive *större än jag,* utan de kan också ge sig på så oskyldiga par som *båda* och *bägge* och automatiskt fråga vilket som är fel när de upptäcker att orden faktiskt betyder samma sak.

Sedan finns det också sådana som faktiskt är intresserade av hur språk fungerar, i alla fall lite grann. Och det finns de som går med på att standardspråket förändras, även om det oftast tar emot lite att erkänna det. "När tillräckligt många gör fel blir det rätt" är ett ganska vanligt sätt att uttrycka den insikten.

Vid sidan om SAOL-kramarna har vi också den motsatta falangen som tycker att SAOL-redaktionen har blivit alldeles för släpphänt när de tar med ord som *keff* och halvt försvenskade böjningsformer som *laptoppen.*

Kort sagt finns det en hel del olika sorters språkpoliser.

Innan vi går vidare kan det vara lämpligt att stanna upp ett ögonblick och sammanfatta delar av det föregående:

- Svenska språket innehåller både sådant som anses rätt och sådant som anses fel.
- Svenska språket består i själva verket av en mängd olika varieteter. I stor utsträckning överlappar de varandra, vilket också är huvudskälet till att de alla kan ses som delar av samma språk, men det finns också skillnader mellan dem.
- Skillnaderna mellan varieteterna är inte ett tecken på att vissa språkbrukare är sämre på svenska och bryter mot några regler, utan varje varietet har sina egna regler och är ett fullt fungerande kommunikationsmedel för dem som använder den.
- En speciell varietet är standardspråket, som fungerar som ett neutralt, överregionalt och dialektfritt alternativ till de varieteter som används inom mer begränsade ramar (geografiskt, socialt och så vidare).

6. Lektism

Att det är just standardspråket skolan ska lära ut är ganska självklart, för sitt modersmål kan eleven i regel redan innan den börjar skolan.

Ja, det är faktiskt två olika saker, trots att de som sagt överlappar varandra en hel del och trots att många tycker att svenskar som inte behärskar standardspråket i skrift inte kan sitt modersmål. Men saknar man exempelvis distinktionen mellan *de* och *dem* i sitt talspråk är det inte självklart att det är lättare att lära sig den än en liknande distinktion på ett helt annat språk än svenska.

I skolan lär man sig dock inte bara standardspråket utan också en rad föreställningar om det, med god hjälp av föräldrar och andra. Skriver man *Vart bor du?* i skolan så rättar givetvis läraren det, för det är fel. Problemet är nu bara att lärarna glömmer förklara att det är standardspråket man lär sig i skolan och att det endast är inom ramen för det som andra varieteter är fel. Eller noga uttryckt handlar det kanske inte så ofta om glömska med tanke på att språkpolistätheten generellt är ganska hög bland lärare.

Men nu är det inte bara *Vart bor du?* som är fel i sammanhanget, utan *Where do you live?* och *Wo wohnst du?/Wo wohnen Sie?* är precis lika fel inom ramen för det svenska standardspråket, men inte går väl folk omkring och tror att standardengelska och standardtyska är fel?

Eller vi kan ta skolundervisningen i idrott som exempel. Ska man spela innebandy är det förstås fel att använda reglerna för basket, men innebär det att basketreglerna *alltid* är fel, oberoende av sammanhang?

Eller hemkunskap. Om någon på en lektion ska laga till en Janssons frestelse men råkar åstadkomma en potatisgratäng i stället, då kan man kanske säga att potatisgratängen är fel i sammanhanget. Men inte kommer väl den eleven att gå omkring hela livet och tro att potatisgratäng i sig är fel och att de som äter det är slarviga och dåliga på att äta?

Men just språket behandlas annorlunda. Föreställningen att alla andra varieteter än standardspråket har vissa inbyggda negativa egenskaper är lika djupt rotad hos språkpoliserna som oförmågan att tänka i fem dimensioner. Säger man att *Vart bor du?* inte är fel tycker de att man är "språkliberal" och accepterar fel alldeles för lätt. Möjligheten att *det kanske inte är fel* föresvävar dem inte ens.

En sorts motvikt till de tänkta inbyggda negativa egenskaperna är när en varietet kopplas samman med en upplevd positiv egenskap hos dem som brukar den. Om man till exempel är av uppfattningen att göteborgare generellt verkar vara ganska trevliga är det också vanligt att man tycker göteborgska låter trevligt. Man kan visserligen fortfarande tycka att göteborgska är fel, men det är i så fall ett ovanligt trevligt fel.

Den negativa versionen är till exempel om man anser att alla stockholmare är stöddiga och därför också tycker att stockholmska låter stöddigt. Man för så att säga över uppfattningen om människorna på språket.

Det är i och för sig inte så märkligt, eftersom det finns en naturlig koppling mellan att vara stockholmare och att tala stockholmska.

När man däremot tycker att personer som använder vissa icke-standardspråkliga former är lata, ointelligenta eller slarviga finns inte samma naturliga koppling. En slutledning av typen "X talar inte standardspråk → alltså är X dum och lat" påminner tvärtom en hel del om typen "X har mörk hy och svart krulligt hår → alltså är X dum och lat".

Att klämma in ett mellanled som säger att icke-standardspråket är fel hjälper inte särskilt långt så länge man inte talar om på vilket sätt det är fel.

När det gäller en potentiell fördom hamnar bevisbördan naturligt hos dem som hyser den. För det är ofta svårt att bevisa att något är en fördom, man kan bara hänvisa till att man inte känner till några fakta som stöder uppfattningen i fråga.

Däremot kan man bevisa att en föreställning *inte* är en fördom genom att redogöra för de sakliga grunder som den bygger på. Men ännu har jag inte stött på någon språkpolis eller annan som kunnat påvisa att de negativa egenskaper man tillskriver vissa varieteter och deras brukare faktiskt existerar utanför språkpolisernas hjärnor.

Återigen kan det vara lämpligt att påminna om att det handlar om föreställningen om fel som en absolut, inneboende egenskap, helt oberoende av sammanhang. Många språkpoliser säger till exempel att de inte bryr sig om hur folk pratar hemma så länge de använder ett riktigt språk i mer offentliga sammanhang. Icke desto mindre tycker de att *Vart ligger den?* och dylikt är fel – det är ju det som är anledningen till att de vill slippa höra sådant språk. Och trots att jag

frågat många har aldrig lyckats få en vettig för-
klaring till varför det skulle vara fel att använda
ett vardagligt språk till vardags, och varför det
inte är lika fel att använda till exempel vardaglig
klädsel till vardags.

Slang verkar vara något språkpoliser för-
håller sig lite olika till, men vi kan ändå använda
ett par ganska kända, äldre slangord som ex-
empel för att ytterligare belysa problematiken,
oavsett var på felskalan olika människor vill
placera dem.

Självklart kan man säga att ordet *tjacka* är fel
i följande sammanhang: "Vid det laget var det
enligt butiksbiträdet ställt bortom allt rimligt
tvivel att den oklanderligt klädde ynglingen inte
befann sig i butiken i syfte att tjacka något." Det
kallas stilbrott, eller normkonflikt, om man så vill.
Men ordet *tjacka* i sig är det knappast något fel på.

På samma sätt som *tjacka* kan tyckas olämp-
ligt i ovanstående sammanhang kan det sägas
vara fel om förste konsertmästaren i en stor sym-
foniorkester uppträder i jeans och T-shirt på en
konsert.

Men man kan också vända på det: "Jag kirra-
de lite stålar och sen så drog jag in till stan och
tjackade ett par fina promenadskor."

Det är inget större fel på orden *fina promenadskor* i sig, men i sammanhanget hade nog *schysta pjuck* varit betydligt mer rätt.

Och konsertmästarens klädsel? Ja, man är kanske inte nödvändigtvis lat, slarvig eller ointelligent bara därför att man inte bär frack till vardags. Eller är man det?

Nu kan man möjligen tycka att jag säger emot mig själv. Å ena sidan menar jag att man ska acceptera det etablerade språkbruket (eftersom det inte finns något bra skäl att inte göra det), å andra sidan tycks jag vända mig emot språkpolisernas språkbruk, som även det är i högsta grad etablerat. Om någon säger *"vart* uttrycker inte befintlighet", "ordet *våran* finns inte" och "det heter inte *jag sov över hos han"* så kan man tänka sig att det är helt regelmässiga, alternativa sätt att säga *"vart* uttrycker inte befintlighet i standardspråket", "ordet *våran* finns inte i standardspråket" och "det heter inte *jag sov över hos han* i standardspråket".

Men det är inte det språkliga uttrycket det i första hand handlar om utan de bakomliggande attityderna. Det är lite samma sak som med *judesvin* och *bögjävel*. Man förstår utmärkt vad som menas och ordbildningen följer helt normala språkliga regler. Men det finns en bakomliggande attityd. Och det råder ingen som helst tvekan om att det finns en negativ attityd mot talare av icke-standardspråk bakom de flesta språkpolisiära uttalanden. Det är uppenbart att man ser ner på dem som använder ett icke-standardspråk och gör den typen av godtyckliga kopplingar som utmärker fördomar.

I första kapitlet avstod jag från att förse ljud- och bokstavskombinationen *styllvading* med ett innehåll. För att kompensera det bjuder jag i stället på ett par nya ord här.

Slår man upp *rasism* i *Svensk ordbok* kan man läsa följande definition: "åskådning som är baserad på föreställningar om att vissa raser är överlägsna andra, särsk. om hävdande av den vita rasens överlägsenhet"

Vill man sammanfatta kärnan i den flora av besläktade uppfattningar som språkpoliserna ger uttryck för, kan man göra det så här: "åskådning som är baserad på föreställningar om att vissa lekter är överlägsna andra, särsk. om hävdande av standardspråkets överlägsenhet"

Driver man analogin längre för att också hitta en benämning på en sådan åskådning kan resultatet knappast bli annat än *lektism*.

Därmed slipper man också använda ordet *språkpolis* i den vida bemärkelse jag hittills använt det, både om dem som aktivt klankar ner på andras språkbruk och om dem som visserligen har samma grundinställning men en diskretare framtoning. För nu finns ju *språkpolis* med i SAOL, där det definieras som "‹nedsättande› språklig besserwisser". Och jag vill självklart inte använda ordet fel, så därför kanske det är bättre att använda *lektist* som övergripande term för både språkpoliser och andra som har lika svårt att acceptera språklig mångfald och ett lika starkt behov av att ordna all variation hierarkiskt, såväl besser- som schlechterwissrar.

7. Något om svenskans (för)historia

Ett utmärkande drag hos alla levande, naturliga språk är att de ständigt förändras. Så har det alltid varit och ingenting talar för att det kommer att vara radikalt annorlunda i framtiden, trots globalisering och internet. I ett större perspektiv framstår därför lektister lätt som ganska löjliga när de upprör sig över de förändringar som inträffar under just deras livstid. Ja, inte bara under deras livstid utan också i deras lilla hörn av världen, för i det större perspektivet ingår både tid och rum. Det här kapitlet är ett försök att erbjuda lite perspektiv.

Många känner till att svenskan är släkt med andra språk – med norska, danska, engelska, tyska, franska, polska, grekiska, sanskrit, tokhariska, hieroglyfluviska etc. – men vad innebär det egentligen att språk är besläktade med varandra? Strängt taget betyder det att de i någon mening har varit ett och samma språk en gång i tiden.

För att illustrera det förhållandet kan vi plocka fram vårt mikroskop och zooma in på ett par enstaka ord. Om vi börjar i närmiljön kan vi först notera att det svenska ordet *kirurgisk* ganska nyligen fått en ny betydelse. Det kan användas helt utan kopplingar till kirurgi för att uttrycka att något sker med stor precision, till exempel *ett kirurgiskt bombanfall*.

Vad som hänt är att vissa språkbrukare börjat använda ordet i en ny betydelse, samtidigt som den gamla lever kvar. Den sortens variation, att ett äldre stadium lever kvar parallellt med ett yngre, kännetecknar de flesta typer av språkförändring. Formen på ordet *kirurgisk* har däremot inte förändrats. Oavsett i vilken betydelse man använder det uttalar och stavar man det på samma sätt.

Med tiden kan dock mycket hända, både med ett ords betydelse och med dess form. Om vi i stället jämför svenskans *rolig* och danskans *rolig* möter vi en något större skillnad mellan orden. Historiskt sett är de ändå samma ord precis som *kirurgisk* med de olika betydelserna i svenskan är det. På danska betyder *rolig* 'lugn', vilket är den äldre betydelsen (*ro-lik*). I svenskan skymtar den ännu fram i substantivet *ro* (som i *lugn och ro*) och i adjektivet *orolig*, vilket ju inte är en motsats till *rolig*. Via betydelser som 'angenäm', 'trevlig' har dagens svenska betydelse utvecklats, och en motsvarande utveckling finns också hos verbet *roa*, där fokus förskjutits från att 'bereda ro' till att 'bereda nöje'. Som utgångspunkt för betydelseförskjutningen kan man tänka sig situationer där någon läser eller sjunger för någon annan för att denne ska komma till ro.

Nästa steg blir att ta klivet utanför de nordiska språken och jämföra svenskan med något mindre närbesläktat än danskan. Vi kan ta engelskans ord *time* och svenskans *timme*. De är också samma ord från början, men i dag har de olika betydelser i de två språken. Skillnaden i formen (uttalet) är kanske också större mellan *time* och *timme* än mellan danskans *rolig* och svenskans *rolig*. Men de är ändå tillräckligt lika för att man ska kunna se att det är samma ord. Engelskans stavning återspeglar också ett äldre uttal som mer liknar det i dagens svenska. Även betydelserna är tillräckligt lika för att man ska kunna se att orden är besläktade. I ena fallet handlar det om tid generellt (*time*), i andra fallet om en avgränsad tidrymd (*timme*). Det ord som i svenskan blivit *tid* återfinns för övrigt också i engelskan i form av *tide*, vilket betyder 'tidvatten'. Men på samma sätt som en äldre betydelse av *rolig* skymtar fram i *orolig* finns också *tide* med en allmännare tidsbetydelse bevarad i en del engelska ord, till exempel *yuletide* 'juletid'.

Vandrar vi vidare bland de besläktade språken kanske vi hamnar i ryskan, där vi stöter på ordet *zub* som betyder 'tand'. Tittar vi oss omkring lite mer kanske vi också får syn på forngrekiskans *gomphos*. Det betyder visserligen inte 'tand' utan 'tapp, plugg', men det är tillräckligt nära för att man ska kunna ana sambandet. Är man dessutom bekant med de två språkens ljudhistoria ser man också lätt att *zub* och *gomphos* historiskt sett är samma ord, hur märkligt det än kan låta. Det skulle dock föra alltför långt in på olika sidospår att visa hur det hänger ihop, så läsaren får helt enkelt lita på att det är på det sättet.

På det utdöda språket tokhariska A (östtokhariska) kallade man en tand för *kam*, och även det är samma ord som *zub* och *gomphos* från början. Ordet finns också i svenskan, där det precis som i östtokhariska heter *kam*, men det svenska ordet betyder som bekant inte 'tand'. Fast en kam kan å andra sidan betraktas som en tandrad, så kanske har ordet också kunnat betyda 'tandrad'? Ja, bekräftelse får vi från fornindiskan. Där hette det här ordet *jambhaḥ* i singularis (ental), och för att beteckna någons tänder kunde man använda formen *jambhau*. Det anmärkningsvärda med det är att *jambhau* inte är en pluralisform (flertal) utan en dualisform (tvåtal). Det syftar med andra ord på de två tandraderna i över- respektive underkäken.

Alla de här nämnda språken är besläktade med varandra, och de tillhör den indoeuropeiska språkfamiljen. Annorlunda uttryckt har de, som nämnts ovan, i någon mening en gång varit ett och samma språk.

Vi kan tänka oss följande utveckling. För ett antal tusen år sedan talades ett språk som vi idag kallar protoindoeuropeiska eller urindoeuropeiska. I det språket, eller åtminstone en eller flera varieteter av det, fanns ett ord som man brukar rekonstruera som *$\hat{g}omb^hos$ (tecknet * anger att ordet inte finns belagt i någon text utan att det är så det antas ha hetat utifrån jämförelser mellan de olika bevarade språken). Så småningom kom det ordet att förändras i olika delar av språkområdet. Hela tiden handlade det om små förändringar (jämför *kirurgisk, rolig* och *timme* ovan), men vartefter tiden gick och olika grupper av språkbrukare flyttade sig till olika platser i världen, kom också skillnaderna mellan de olika språkbrukarnas språk att bli allt större.

Här gör vi klokt i att komma ihåg att man inte utan vidare kan sätta likhetstecken mellan folk och språk och anta att spridningen av ett språk nödvändigtvis också innebär att en stor grupp talare av språket flyttar från en plats till en annan. Det räcker många gånger med att talare av olika språk är i kontakt med varandra för att det ska hända saker med språken. De kan blandas och påverka varandra i olika hög grad och på olika sätt – allt beroende på talarnas och språkens inbördes relationer när det gäller sådana saker som makt, prestige och begriplighet. Språkdrag kan dessutom överföras från ett språk (A) till ett annat (B) via ett tredje språk (C) utan att språken A och B har direktkontakt med varandra, t.ex. när svenskan (B) på en eller annan väg fått in ordet *paradis* från grekiskan (C) som lånat det från ett forniranskt språk (A).

Med det i bakhuvudet kan vi dock i det här sammanhanget nöja oss med en enklare modell som mer än väl tjänar sitt syfte att illustrera hur ett och samma ord med tiden kan komma att uttalas olika och betyda olika saker på olika platser.

Inom en av de indoeuropeisktalande grupperna utvecklades det här ordet med tiden till *kambaz*. De talade något vi i dag kallar protogermanska.

Så småningom kom i sin tur en del av germanskan att särskilja sig från övriga germanska varieteter genom de specifika språkdrag som utmärker de nordiska (eller nordgermanska) språken.

På det nordiska språkområdet skedde sedan ett antal förändringar som gjorde att det uppstod två huvuddialekter, en öst- och en västnordisk.

Av östnordiska blev det så småningom danska och svenska, medan västnordiskan mynnade ut i norska, isländska och färöiska. Och det gamla ordet *kambaz* förändrades under tiden vidare till *kambr* och slutligen till *kam* i den del av östnordiskan som blev svenska.

Det här skulle alltså, bland mycket annat, innebära att danska är det språk som svenskan är närmast släkt med. Just det: danska, som är så obegripligt. Hur är det möjligt?

Här behöver vi dels komma ihåg vad ett *dialektkontinuum* är (se kapitel tre), dels förstå att språkliga förändringar i normalfallet börjar på ett ställe och sedan sprider sig därifrån så länge det finns människor som tar till sig de språkliga nyheterna. Ibland stannar de inom en mycket snäv krets, ibland kan de spridas ganska långt.

Ett exempel på det förstnämnda är när två personer som brukar spela kortspelet Skip-Bo med varandra kallar en slänghög de förlorat kontrollen över för *lepra*. Ett exempel på det sistnämnda är det bakre, skorrande *r*-ljudet som sannolikt spridits från Frankrike, över Tyskland och Danmark och vidare in i de sydligare delarna av Sverige och Norge.

Vi utgår från ett gemensamt nordiskt urspråk som talades från och med ett par hundra år e.Kr. och ytterligare några hundra år framåt i delar av nuvarande Danmark, Sverige och Norge (Island och Färöarna koloniserades senare från Norge). Inom denna språkgemenskap inträffade en del förändringar som spreds över den östra delen av språkområdet. Bland annat kom ljudet *ei* att övergå till ett långt *ē* (strecket anger att det är långt), och det är därför det heter *ben* och *sten* på svenska och danska men *bein* och *stein/steinn* på norska och isländska.

Det är på grundval av några olika ljudförändringar av det här slaget som danskan och svenskan förs samman till en östnordisk gren. Men som det antyddes i kapitel tre är det inte så enkelt som att alla förändringar hade exakt samma utbredningsområde. I vissa fall skar gränserna genom Sverige, i andra fall genom Norge (det vill säga det som i dag är Sverige och Norge).

Sedan kunde det också hända att vissa andra förändringar bara spreds över norsk- och svenskspråkiga områden. Till exempel var det i fornnordiskan möjligt att ha en kort vokal följd av en kort konsonant. Under medeltiden förändrades det i norska och svenska men inte i danska på så sätt att antingen vokalen eller konsonanten förlängdes, och det skedde på olika sätt i olika områden. Exempelvis de fornsvenska orden *vika* och *tvika* med både kort *i* och kort *k* utvecklades åt två olika håll i olika dialektområden. I dagens standardspråk har vi fått in ett ord av vardera sorten: *vecka* med kort vokal och lång konsonant och *tveka* med lång vokal och kort konsonant.

På danskt område har det i gengäld skett en rad andra förändringar som inte norskan och svenskan deltagit i och som kraftigt bidragit till att öka avståndet mellan danskan och de övriga nordiska språken med resultatet att talad danska i dag är i stort sett obegripligt för en stor del av Sveriges befolkning.

Som en del läsare kanske noterat är den här bilden inte helt oproblematisk. Om alla språk ständigt förändras och om förändringarna börjar på olika ställen och sprider sig över olika stora delar av språkgemenskapen, hur kan det då ha funnits en gemensam nordisk utgångspunkt? Borde inte den också ha varit uppsplittrad på en massa dialekter med diffusa gränser redan från början?

Det finns flera möjligheter. Det är varken omöjligt eller nödvändigt att urnordiskan var ett enhetligt språk. Det första man bör komma ihåg är att det finns mycket lite textmaterial bevarat från urnordisk tid, bara ett par hundra runinskrifter från århundradena närmast efter Kristi födelse, av vilka många dessutom är ganska korta och svårtolkade. Det är inte mycket att bygga en språkbeskrivning på. Och även om inskrifterna ger ett ganska enhetligt intryck kan det ha funnits skillnader som inte kom till uttryck i skrift.

Dessutom är det tveksamt i vilken utsträckning dessa inskrifter verkligen ger prov på urnordiska. Det har också föreslagits att det i många fall skulle handla om urnordvästgermanska, det vill säga ett förstadium till både de nordiska språken och de västgermanska såsom engelska och tyska. Vad man kan säga säkert är att det är en tidig form av germanska som tydligt skiljer sig från den östgermanska gotiskan.

Hur det än är med det bör man också fråga sig hur det gick till när de indoeuropeiska språken kom till Norden. Ett scenario som sannolikt skulle ha resulterat i ett ganska enhetligt nordiskt urspråk är om det var en rätt liten grupp människor från ett begränsat område som slog sig ner i Norden och sedan förhållandevis snabbt spred ut sig, ungefär som om fem hundra Norrköpingsbor skulle ge sig av i samlad trupp och kolonisera månen.

Alternativt kan de första germansktalande nordborna ha varit folk som talade olika germanska dialekter. I så fall hade det teoretiskt sett kunnat uppstå en germansk blanddialekt där många av de individuella dragen och oregelbundenheterna i de olika dialekterna försvunnit. Resultatet skulle med andra ord också i det fallet ha kunnat bli ett ganska enhetligt språk.

Men det finns ännu fler faktorer att ta hänsyn till. Alla indoeuropeisktalande nordbor behöver inte ha kommit till Skandinavien vid ett och samma tillfälle. Dessutom kan det ha funnits människor som talade indoeuropeiska språk i Skandinavien innan ens de germanska särdragen hade utvecklats. Och deras kontakter med talare av andra språk, både indoeuropeiska och icke-indoeuropeiska, kan också ha påverkat de blivande nordiska varieteterna på olika sätt och i olika hög grad beroende på relationerna mellan de inblandade grupperna av människor.

Vilka språk som talades i Norden och norra Europa i övrigt innan indoeuropeiskan kom hit vet vi ingenting om, bara att det fanns människor här många tusen år innan någon form av urnordiska eller urgermanska uppstod.

Kort sagt finns det alldeles för många parametrar att laborera med för att man säkert ska kunna säga något om hur enhetlig urnordiskan egentligen var.

Samma sak gäller urgermanskan, som man endast kan få kunskap om genom rekonstruktion. Det finns ett antal språkdrag som särskiljer de germanska språken från de övriga indoeuropeiska, men i vilken utsträckning det har funnits en enhetlig urgermanska kan man bara spekulera om.

Går man ännu längre tillbaka i tiden, till urindoeuropeiskan, gäller något liknande även för den. Har det någon gång funnits ett indoeuropeiskt urspråk som talats av en tillräckligt liten grupp människor inom ett tillräckligt litet område för att man ska kunna tala om ett relativt enhetligt språk? Eller har det bara funnits ett indoeuropeiskt dialektkontinuum, där vissa specifika drag har kunnat utvecklas i olika varieteter vid olika tidpunkter i nära kontakt med andra varieteter, innan språken på ett eller annat sätt spreds över större områden och talarna av dem i varierande grad släppte kontakten med den ursprungliga språkgemenskapen och/eller varandra? Och hur uppstod i så fall detta dialektkontinuum?

De nordiska språken kan vi särskilja som en viss grupp inom de germanska, och de germanska som en särskild grupp inom de indoeuropeiska. Men hur gör vi med de urindoeuropeiska varieteterna? Var de en särskild grupp inom – vad då?

Det har gjorts en del försök att koppla ihop indoeuropeiskan med andra språkfamiljer. Ett av de mer framgångsrika (eller mindre misslyckade) är den indo-uraliska hypotesen, enligt vilken de indoeuropeiska språken skulle vara släkt med de uraliska, dit bland annat finska hör.

Men ju längre tillbaka i tiden man går, desto svårare blir det. Man kan aldrig rekonstruera några hela språk, och om man dessutom ska rekonstruera flera nivåer av förstadier till olika rekonstruerade protospråk har man till slut ett väldigt begränsat och osäkert material att arbeta med. De som försöker härleda samtliga jordens språk till ett enda urspråk har med andra ord aldrig särskilt mycket på fötterna (om de ens har fötter).

Kontakt mellan olika språk kan dessutom leda till att ganska stora mängder språkligt material förs över från ett språk till ett annat, vilket också innebär att det inte alltid är så lätt att definiera släktskapsförhållanden som det kan verka.

Fast även om man till slut kommer till en punkt då det blir svårt att följa språken bakåt i historien kan man i alla fall konstatera att det språk vi i dag kallar svenska inte uppstod när dagens lektister gick i skolan.

Inte heller har det varit något monument som stått orörligt i några tusen år för att plötsligt börja vittra sönder så fort dagens lektister blev språkmedvetna.

Nej, de förändringar som vi ser i dag är ingenting annat än den del av det svenska språkets historia som pågår just nu. Under de tusentals år som det förts vidare från generation till generation har det hunnit förändras åtskilligt, och det kommer det också att fortsätta göra så länge det finns människor som använder det.

Några direkta kommunikationsproblem leder förändringarna sällan till, som vi noterat tidigare, utan eventuella aversioner mot dem grundar sig i regel på andra saker.

Ändå går det inte att helt komma ifrån att det ibland inträffar en del förändringar som är olyckligare än andra ur kommunikationssynpunkt.

Ordet *björntjänst*, som tidigare bara har betytt 'otjänst', har på senare tid kommit att användas i den närmast motsatta betydelsen 'stor tjänst'.

Det är något som verkligen borde kunna bädda för kommunikationsproblem, kan man tycka. Men en hel del hjälp får vi oftast av sammanhanget. Känner vi bara till den äldre betydelsen 'otjänst' kommer vi förmodligen att reagera och misstänka att det är något som inte står rätt till om någon vänder sig till oss med följande vädjan: *Skulle du kunna vara bussig och göra mig en riktig björntjänst?* Ganska få av oss skulle nog tro att personen i fråga ber om en otjänst.

Likväl stör det kommunikationen. Så vad ska man göra? Starta en Facebookgrupp som heter "Rör inte min björntjänst!" och gå omkring och vara arg och må dåligt för att ett ord har fått en ny betydelse?

Eller ska man börja använda *björntjänst* i den traditionella betydelsen så ofta man bara kan i hopp om att det ska bidra till att ta kål på den nya betydelsen?

Eller helt enkelt sluta använda ordet, acceptera förlusten och gå vidare?

Vilket förhållningssätt man än väljer kommer bruket av ordet *björntjänst* sannolikt att stabiliseras så småningom. Kanske försvinner ordet helt, kanske blir den nya betydelsen den dominerande. Om det sker kommer det att bli lika naturligt att använda *björntjänst* i betydelsen 'stor tjänst' som det är att *ana ugglor i mossen* eller *lägga rabarber på något*. Att *björntjänst* tidigare betydde 'otjänst' kommer att vara en språkhistorisk kuriositet av liknande slag som att man tidigare anade *ulvar* i mossen (ursprungligen på danska) eller lade *embargo* på något. Det fanns säkerligen många som ondgjorde sig över att vissa blandade ihop *embargo* med *rabarber* när det begav sig, men rabarberna vann ändå till slut.

Och världen gick inte under den gången heller.

8. Lästips

Relativt lättlästa böcker som på ett eller annat sätt berör språkriktighetsfrågor finns det flera av på svenska. Ulf Telemans böcker om det svenska standardspråkets historia, *Ära, rikedom och reda* (2002) och *Tradis och funkis* (2003) är läsvärda och innehåller rikligt med hänvisningar till annan intressant litteratur.

Standardspråket och lite annat smått och gott behandlas också i Olle Josephsons *Ju. Ifrågasatta självklarheter om svenskan, engelskan och alla andra språk i Sverige* (2004).

En bra översikt över svenskans historia under de senaste 700 åren får man i Gertrud Petterssons *Svenska språket under sjuhundra år. En historia om svenskan och dess utforskande* (1996).

Vill man ha en allmän översikt över språk och språkvetenskap kan man med fördel läsa Östen Dahls *Språkets enhet och mångfald* (2000).

Någon bra introduktion till historisk språkvetenskap finns dessvärre inte på svenska. Tore Janson har i boken *Språkens historia* (2010) en hel del intressant att säga, men någon systematiskt upplagd lärobok är det inte. I gengäld finns det en hel uppsjö engelska böcker som heter *Historical Linguistics* eller liknande. Tre läsvärda nybörjarböcker är R.L. Trask, *Historical Linguistics* (1996), Hans Henrich Hock och Brian D. Joseph, *Language History, Language Change, and Language Relationship* (1996) och Lyle Campbell, *Historical Linguistics. An Introduction* (1998). Principiellt viktiga är också April M.S. McMahon, *Understanding Language Change* (1994) och Jean Aitchison, *Language Change: Progress or Decay?* (tredje upplagan, 2001).

Kontakt mellan olika språk kan få intressanta konsekvenser. En bra introduktion till den typen av problematik är Sarah G. Thomasons *Language Contact. An Introduction* (2001).

Den gren av språkvetenskapen som sysslar mest med språklig variation är sociolingvistiken. På svenska kan man med fördel läsa *Introduktion till sociolingvistik* (2010) av Catrin Norrby och Gisela Håkansson. Även Jan Einarssons *Språksociologi* (2004) och Lars-Gunnar Anderssons lite äldre bok *Fult språk. Svordomar, dialekter och annat ont* (1985) har mycket bra att säga inom det området. Vill man komplettera dem kan man vända sig till engelskan, där det ständigt kommer ut nya böcker som heter saker i stil med *Sociolinguistics, Sociolinguistic Theory* och *Language in Society*. Läser man några sådana får man ganska snart en god överblick över vad det handlar om.

Den som är särskilt intresserad av jämförande indoeuropeisk språkvetenskap bör i första hand ta sig an Michael Meier-Brügger, *Indogermanische Sprachwissenschaft* (2000), vilket är en bra introduktionen till ämnet. Det finns också en engelsk översättning med titeln *Indo-European Linguistics*. Boken behandlar i första hand fonologi och morfologi (ljud- och formlära), eftersom det är de delarna av språket som är minst svåra att rekonstruera, men även lite annat diskuteras.

Den är dock rätt teknisk till sin natur och har man ingen bakgrund inom indoeuropeistik eller språkvetenskap över huvud taget kan det vara lämpligt att börja med någon mer översiktlig introduktion till ämnet. Två sådana är Benjamin W. Fortson, *Indo-European Language and Culture: An Introduction* (andra upplagan, 2009) och Ola Wikander, *Ett träd med vida grenar – de indoeuropeiska språkens historia* (2008).

I J.P. Mallorys och D.Q. Adams *The Oxford Introduction to Proto-Indo-European and the Proto-Indo-European World* (2006) får man veta en hel del om framför allt det ordförråd man rekonstruerat för protoindoeuropeiskan och vilka slutsatser man dra av det när det gäller de proto-indoeuropeisktalande människornas liv.

116

Även J.P. Mallorys lite äldre bok *In Search of the Indo-Europeans* (1989) om indoeuropeisk arkeologi är läsvärd.

Specifikt om germanerna och de germanska språken skriver Tore Jansson i *Germanerna* (2013).